项目名称：面向精准知识发现的学术图表知识图谱构建及应用研究

项目编号：GD23XTS10

九州文库

科技文献中学术图表的知识发现

丁培 著

九州出版社
JIUZHOUPRESS

图书在版编目（CIP）数据

科技文献中学术图表的知识发现 / 丁培著 . -- 北京：
九州出版社，2025.5. -- ISBN 978-7-5225-3846-4

Ⅰ. G257.36

中国国家版本馆 CIP 数据核字第 202528C9Q8 号

科技文献中学术图表的知识发现

作　　者　丁　培　著
责任编辑　蒋运华
出版发行　九州出版社
地　　址　北京市西城区阜外大街甲 35 号（100037）
发行电话　（010）68992190/3/5/6
网　　址　www.jiuzhoupress.com
印　　刷　三河市华东印刷有限公司
开　　本　710 毫米×1000 毫米　16 开
印　　张　14.5
字　　数　164 千字
版　　次　2025 年 5 月第 1 版
印　　次　2025 年 5 月第 1 次印刷
书　　号　ISBN 978-7-5225-3846-4
定　　价　89.00 元

目　录
CONTENTS

导　论

第一节　研究缘起与意义

一、研究背景

科学数据的开放、共享与重用，已然成为全球高度重视的问题。

近年来，国外诸多科研资助机构、大学、数据中心、出版商、图书馆等都积极开展科学数据管理的实践活动。美国科学基金会（National Science Foundation，NFS）、英国人文研究委员会（The Arts and Humanities Research Council，AHRC）、美国国家海洋和大气管理局（National Oceanic and Atmospheric Administration，NOAA）等机构明确要求科研项目提供数据管理计划；牛津大学、霍普金斯大学、纽约大学、莫纳什大学等纷纷出台数据管理政策，要求科研人员提交并妥善保存科学数据；世界数据中心系统、千人基因组计划数据库、癌症基因组学中心等大型数据中心大力推行数据开放获取；*Science* 期刊要求作者在文章正式发表前将相关数据公开，并存储至图书馆或数据中心的数据存储库中，Nature 出版集团于 2014 年 5 月推出杂志《科学数据》；新墨西哥大学图书馆、康奈尔大学图书馆、普渡大学图书馆等也积极开展数据监护服务。这些实践举措有力地推动了科学数据的进一步开放，极大地提高了数据的可发现性和重用性。

科技文献中的学术图表是一类特殊的科学数据呈现形式。学术图表广泛存在于科技文献中，已然成为科技文献的基本构成元素。Noah Siegel 等人采集分析了 arXiv 和 PubMed 中的 550 万篇科技文献，发现 arXiv 的 pdf 论文仅 20%没有图，而 PubMed 的 XML 文件仅 10%没有图①。Po-shen Lee 等人从 65 万篇文献中抽取了 480 万张图片（其中复合图占比 67%以上），平均每篇文献包含 7 张以上图表，图表类型占比为：图像（20%）、照片（22%）、表格（5%）、等式（17%）、数据图（35%）。此外，作者还发现影响力越大的论文通常会包含更多的图表。② 生物医学领域，几乎每篇期刊文献都包含图像，而图像相较于任何其他类型信息更能体现医学文献中的证据内容③。

学术图表是一系列、多步骤科学研究过程的最终产物，也是科学数据的部分内容展示。它被作者用于不同的用途，如多维度展示指标（表格）、呈现复杂结果（复合图）、展示特殊对象（DNA 图）、直观呈现实验情况（照片、成像图），突出数据的对比、趋势、统计特征等内容，帮助读者更直观地理解论文，提供比摘要更多的信息④。在科技论

---

① Siegel N, Lourie N, Power R, et al. Extracting scientific figures with distantly supervised neural networks [C] //Acm Ieee Joint Conference on Digital Libraries, 2018: 223-232.

② Lee P, West J D, Howe B, et al. Viziometrics: Analyzing Visual Information in the Scientific Literature [J]. IEEE Transactions on Big Data, 2018, 4 (1): 117-129.

③ Yu H, Lee M. Accessing bioscience images from abstract sentences [J]. Bioinformatics, 2006, 22 (14): 547-556.

④ Ahmed A, Xing E P, Cohen W W, et al. Structured correspondence topic models for mining captioned figures in biological literature [C] //Knowledge Discovery and Data Mining, 2009: 39-48.

文（Science Technology Engineering Mathematics，STEM 论文）里，重要的科学研究成果通常借助图表予以解释说明。另一方面，读者通过阅读与查看文献中的学术图表来评判文档相关性，利用图表信息提高检索效率[①]。同时，多数学术图表与学术研究过程中产生的科学数据同源，甚至是科学数据精华所在，因而学术图表是有效关联科技文献和科学数据的关键纽带。总之，学术图表对于科学研究及教育都是非常重要且不可或缺的内容，需要对其进行有效发现。

现有学术搜索引擎及学术论文数据库检索工具中，部分平台尝试在小范围的文献中通过人工构建图表的元数据索引，实现基于关键词的图表—文献关联发现，如早期剑桥科学文摘（Cambridge Scientific Abstracts，CSA）的 CSA llustrata 尝试；部分平台以图表注释、标题等内容为描述，借助实体识别技术抽取主题或者关键词，提供基于主题或关键词的学术图表发现，如 PubMed 能检索标题和图注中包含特定关键词的学术图，再如 CiteSeerX[②] 可基于标题关键词检索表格。这些实践在推动学术图表精准发现方面进行了有益尝试。

学术图表精准发现是指通过给定信息内容，查找及直接定位到学术图表，并展示图表的语义知识内容。相较于目前主流且成熟的学术文本内容发现，学术图表的精准发现还有较大进步空间。例如，目前只在数个特定平台实现图表检索，图表发现的深度停留在图表整体展示和简单文本描述内容（如图表标题、注释等）提供。研究发现，阻碍图表精准发现实现的关键原因是学术图表强语义内容和弱语义表示

① Sandusky R J, Tenopir C. Finding and using journal article components：Impacts of disaggregation on teaching and research practice ［J］. Journal of the Association for Information Science and Technology, 2008, 59 (6)：970-982.

② Citeseerx ［EB/OL］. ［2022-08-31］. http：//citeseerx. ist. psu. edu/.

3

间存在较大差距。学术图表以非文本形式存在于 PDF 或 XML 格式的论文中，现有机器发现多数仅仅识别图表为一个整体学术对象，描述简单，这意味着图表对机器理解而言是弱语义表达。而事实上，学术图表具有表现类型多样化、信息内容高度浓缩、与科学文献内容高度相关的特征，它是一个学术知识内容高度浓缩的学术对象。它不仅含有丰富的视觉语义内容，还有大量文本语义内容和外部关联语义内容，这些潜在的语义内容在当前图表发现实践中未能得到较好的表示。因此，如何让机器理解图表潜在的语义内容，进而帮助实现大规模学术图表精准发现，这成为亟待解决的问题。

　　未来学术知识服务体系需要细粒度知识组织，基于语义的知识关联，面向全类型资源的知识发现以及支持智能问答、精准刻画意图的认知计算。学术图表作为重要的学术知识表示对象，要融入未来学术知识服务体系。当前基于关键词搜索、相关度排序算法、显示分面的文献全文检索发现已经十分成熟，而在语义出版浪潮推动下，学术文本借助强语义表示（如文本主题词、文本的语篇单元分类）建立不同文本知识间的语义关联，这使得机器对学术文本的理解更为深入，进而有效提高学术文本精准、细粒度发现效果。这样的做法也为学术图表的精准、细粒度发现提供了很好的思路。

　　因此，本研究聚焦科技文献中学术图表的语义增强标注问题，深入研究学术图表语义表示模型、语义标注及其应用等内容，旨在借助学术图表的语义增强标注实现学术图表精准发现。

二、研究意义

　　本研究的核心研究问题聚焦科技文献中学术图表的语义增强标注，

旨在解决海量数据环境下科技文献中学术图表的精准、细粒度语义发现问题。通过对学术图表进行形式化组织，多角度、深度揭示学术图表所含语义知识的类型及相互关系，便于机器及研究人员理解图表。同时建立学术图表—论文—人—机构—基金—项目—补充数据集等科学实体间语义关联，利于异构资源的统一发现。研究过程中产生的模型、方法、工具等，如学术图表本体模型、学术图表本体进化方法、基于本体的学术图表语义标注方法和学术图表发现平台等，具备良好的理论和技术应用价值。

（一）理论价值

本研究在归纳总结当前国内外相关工作的基础上，完整阐述了科技文献中学术图表语义增强标注的理论支撑、图表语义组织模型、图表语义标注方法等内容，进而构建起一整套学术图表语义增强标注研究理论体系。该体系能够为从事相关研究的人员开展学术图表语义标注、语义发现等研究工作提供理论支撑。

（二）应用价值

当前，学术图表的发现以元数据组织、元数据标注为主要特征，这难以满足海量异构学术知识精准、细粒度发现的需求。本研究构建科技文献中学术图表本体表示模型，实现对图表异构类型的统一描述、对图表所含信息的全面组织以及图表—论文—人—机构—基金—项目—补充数据集之间有效关联的建立，为异构学术资源的精准、细粒度发现提供新的技术研究思路和问题解决方案。

（三）领域价值

本研究可以广泛应用于以下领域场景。①应用于学术搜索引擎或数据库检索工具，满足研究人员检索学术图表数据的需求。研究人员可基于图表类型、图表上下文涵盖的主题词、实验信息（例如某方法、某设备）、图表结论等内容检索学术图表。例如检索应用 A 方法的显微镜成像图，或检索支持"XX 基因表达 XX"结论的图表。结合图像识别技术可以实现以图查图，以图找文。②应用于特定学科领域，帮助开展领域研究工作。学术图表语义增强标注可以帮助挖掘领域深度知识。例如在水稻领域内，基于标注数据，可以发现防治稻飞虱图表，而基于图表上下文的标注内容，可以归纳出水稻稻飞虱防治的基因表型、防治效果、种植生态模型、稻田环境、药物等不同图表内容。③应用于异构信息资源发现系统。基于本体中所构建的学术图表—论文—人—机构—基金—项目—补充数据集语义桥梁，能实现异构信息资源的关联发现。例如研究人员能一站式发现论文、图表以及相关数据集。④应用于学术查重系统。目前图表的查重系统尚未成熟，本研究通过细粒度的组织和标注学术图表，一定范围内能帮助学术图表查重，防止图表的不正规重用及数据造假。例如，在不同论文中发现包含同样数据对象和数据维度的图表，则需要警惕。⑤为数据自动问答奠定框架基础。本研究虽未对图表中的数值数据实施语义增强，但对图表数值所关联的对象和维度进行了定义，未来可支持特定对象特定维度的数值问答，例如 XX 种类水稻在印度地区 2008 年的产量，或者 XX 基因在 XX 疾病中的参与度。⑥图表摘要生成。作者有时候会忽略在论文中为他们的数字提供有意义的说明，本研究提出的图表描述框架及图表标注方法可以帮助生成直指图表实验信息内容的文本摘要。

第二节 研究思路与方法

一、研究思路

为实现上述研究内容和目标，首先，对研究背景、研究意义和研究目标进行阐述。鉴于现有学术图表发现与未来融合论文-图表-数据的细粒度、精准知识发现需求之间存在矛盾，进而提出本研究需要解决的科学问题，即对学术图表进行语义增强标注。随后，将该问题分解为三个子问题，分别是构建学术图表本体模型、开展基于本体的学术图表语义增强标注、搭建本体驱动的学术图表知识发现平台。

针对每一个研究子问题，进一步分解其解决方案，运用不同的研究方法，得到相关的研究成果。

（一）学术图表本体模型部分

运用文献调研法、专家法、对比分析法、实验分析法等，研究本体构建理论，分析学术图表独有语义特征，本体复用，本体对象、属性及关系定义，本体进化等内容，最终形成学术图表本体、本体五步构建法、本体进化理论及实证等成果。

（二）基于本体的学术图表语义增强标注部分

主要运用文献调研和实验分析方法，从人工标注及自动标注两个维度切入，研究学术图表本体应用于学术图表语义增强标注的效果及其技术实现过程，形成学术图表异构信息内容抽取方法、学术图表自

7

动语义标注方法等系列成果。

（三）本体驱动的学术图表知识发现实验性平台部分

运用实验分析法和对比分析法，研究基于学术图表本体的学术图表知识库构建及基于语义知识库数据的图表发现平台构建，以此验证学术图表语义增强标注用于学术图表发现时的可行性及有效性。

详细的研究思路如图 0-1 所示：

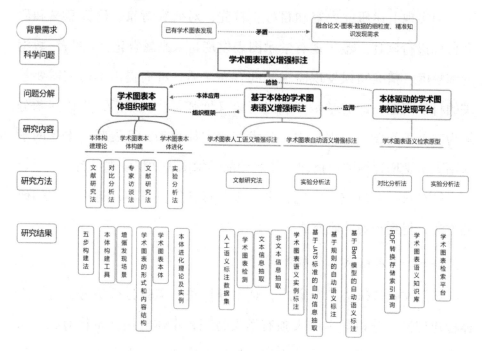

图 0-1 研究思路图

二、研究方法

本书所涉及的研究方法有以下几种：

（一）文献调研法

通过广泛且深入地调研国内外相关研究成果，对学术图表发现的历史演变进程、图表组织模型、图表信息抽取以及图表标注等内容进行总结梳理，描绘出"构建学术图表本体—基于本体的图表语义增强标注—基于图表语义增强标注的图表发现应用"的整体路线与方案。

（二）对比分析法

针对元数据、图表分类、本体这三种图表信息组织模式及其应用模式，从多个角度深入对比分析三者各自的优势与劣势，选择适合本研究目标的模型、特征、方法。

对比分析本研究所构建的学术图表发现实验性平台和现有不同类型图表发现平台，验证本研究所采用方法的先进性。

（三）专家访谈法

在学术图表本体构建环节，采用专家访谈方式，对学术图表本体模型中的概念及关系设计进行优化调整。

（四）实验分析法

在本体构建研究中开展人工标注实验，依据实验反馈情况，调整本体中的概念及关系设计，促使学术图表本体不断完善。

在自动语义增强标注研究中，以水稻领域文献为例，实验验证基于学术图表本体的自动信息抽取、自动语义标注技术的可行性，并在此基础上确定特征选取策略、分类算法。

在语义增强标注应用部分，构建水稻领域文献的学术图表语义知识发现实验性平台，借助该平台对本书构建的本体模型、基于学术图表本体的语义增强标注技术路线、方法等进行全面验证。

第三节 研究重点与难点

本研究以科技文献中的学术图表作为研究对象，主要解决学术图表在机器理解中的弱语义表达和图表本身强语义内容间差距所导致的图表发现效果不佳这一应用问题。以解决应用问题为导向，本研究指出，揭示学术图表丰富的潜在语义内容，并将其表示为语义形式化内容，是实现图表精准发现的有效方法，由此提出本研究需要解决的科学问题，即对学术图表进行语义增强标注。

本书的研究目标是通过构建学术图表的本体模型，借助信息抽取、图像识别、机器学习、RDF 等语义标注技术，将学术图表所含的潜在语义信息及关联语义信息标注为机器能够理解和发现的语义标注内容，进而实现学术图表语义精准发现。

基于以上研究内容和研究目标，本书需要研究并解决三个关键问题。其一，如何构建一个能够支持机器自动语义信息提取和增强标注的学术图表本体，具体包括本体构建方法的选择、本体内容的确定、本体的动态更新等；其二，如何将本体模型应用于学术图表语义增强标注，包括标注技术路线、标注数据集构建、标注特征选择等；其三，学术图表语义增强标注如何实现图表精准语义发现，包括标注数据转换为学术图表语义知识库、本体驱动的学术图表知识发现系统构建等。

针对上述三个问题，本书具体开展以下内容研究：

（一）学术图表本体模型研究

学术图表信息组织模型是学术图表标注的基础。梳理国内外学术图表发现现状，深入研究现有学术图表不同信息组织方式，从语义来源、实现方式、应用效果等维度详细对比不同组织模式下图表发现的效果，进而确定本研究以本体方式来构建学术图表的信息组织模型；研究本体构建相关理论，确定适用的本体构建方法、流程及工具；分析学术图表不同于学术文本的独有语义特征，定义本体应用于图表发现的场景，基于 Tbox-Abox-Tbox 的模式构建学术图表本体，形成描述完整、关系清晰、可实用的学术图表本体模型（Academic Figure And Table Ontology，以下简称 AFAT 本体）；为确保本体的可持续性，基于人工语义标注任务对学术图表本体实施本体进化。

（二）基于本体的学术图表语义增强标注研究

学术图表本体解决学术图表的知识组织表示与关联问题，为学术图表语义增强标注提供语义框架。基于本体的学术图表语义增强标注还需要解决信息抽取和实例标注问题。

从人工标注及自动标注两个维度，分别研究学术图表本体如何应用于学术图表语义增强标注过程。对 PMC 数据库中水稻领域 132 篇论文中的 1006 个学术图表实施基于学术图表本体的学术图表人工语义增强标注，以此验证学术图表本体框架有效性；结合文献研究与人工标注实践经验，明确学术图表自动语义增强标注流程包含以下三个步骤：图表定位及抽取、图表信息抽取、图表语义实例标注，区分两类学术文献格式（PDF、XML）中学术图表自动语义增强标注的相关技术点；在 XML 格式论文中开展实验，进行基于 AFAT 本体的学术图表自动信息抽取、基于规则的语义增强标注及基于掩藏句子算法模型机器学习的语义增强标注，为大规模学术图表语义增强标注的实现铺垫技术基础。

（三）基于本体的学术图表语义增强标注应用研究

基于本体的学术图表语义增强标注的最终目的是服务于学术图表的精准发现。描绘学术图表语义增强标注应用框架，深入研究应用框架中学术图表 RDF 知识库的构建流程，涵盖 RDF 转换、存储、索引、查询等环节，并在人工语义标注数据集中进行实践，构建水稻领域学术图表语义知识库；以水稻学术图表语义知识库为底层数据，构建 AFAT 本体驱动的学术图表知识发现实验性平台，并从资源揭示、语义关联发现、系统架构等方面，将其与现有学术图表发现平台进行对比，验证学术图表语义增强标注用于学术图表发现应用的可行性及有效性。

第四节 研究创新及不足

一、研究创新

（一）构建可用于学术图表语义增强标注的 AFAT 本体模型

当前，学术图表标注多以元数据组织框架和领域叙词表作为语义表示框架，然而却缺乏针对图表本身、图表文本内容及图表关联等内容的本体表示框架。本研究构建的 AFAT 本体继承传统元数据组织的部分内容，并将其转为语义类别、语义关系，深入揭示图表上下文所含的实验信息语义以及图表视觉呈现出的图表特征语义。

基于人工及自动标注实验，验证了 AFAT 本体可以用于学术图表语义增强标注，且标注效果不错。

（二）提出融合学术图表视觉特征和文本特征的学术图表语义增强标注方法

本研究构建的 AFAT 本体综合了学术图表视觉及文本两方面特征内容，相较于以图表标题、注释或图表视觉信息为语义信息来源的现有图表组织方式，其语义信息来源更丰富。AFAT 本体尤其注重针对图表上下文深度挖掘语义，同时扩展图表与文献、机构、项目、人、补充数据等之间的语义关联。

区别于针对文本类型内容的自动语义标注，本研究提出融合学术图表视觉特征和文本特征的学术图表自动语义增强标注需要经过图表定位及抽取、图表信息抽取、图表语义实例标注三个步骤，且每个步骤针对不同特征实施不同的技术方法。此外，还提出了 XML 格式论文中学术图表自动语义增强标注的技术路径，并进行了实证研究。

（三）搭建实验性平台验证 AFAT 本体应用于学术图表发现的可行性

区别于目前主流的基于元数据标注的学术图表发现平台和元数据标注-叙词表语义标注混合的学术图表发现平台，本研究搭建了基于 AFAT 本体语义增强标注的图表发现实验性平台。通过实验性平台验证可知，基于学术图表的语义增强标注不仅能够有力支持学术图表精准发现，而且有助于实现更丰富的语义关联发现。

二、研究不足与展望

（一）AFAT 本体进一步集成领域知识组织体系为深度领域应用服务

本体模型需要不断的进化和动态更新。在本研究中，AFAT 本体虽已对主要图表概念进行了定义，但面向领域深度应用时，还需要进一步细化本体内容。例如，可尝试将学术图表本体和领域本体相结合，利用领域知识体系将学术图表实验信息方法、结论以更细粒度描述为概念（例如主成分分析法、使用 CU 溶液处理等）或三元组断言（如基因 XX 抑制水稻 XX），以服务于未来更细粒度的知识图谱应用，如知识自动问答。

（二）进一步研究 PDF 格式中学术图表自动信息抽取与自动语义标注

在本研究的学术图表语义增强标注实验中，针对图表类型、图表对象、图表维度等概念语义标注当前采用的是人工标注方式，未来将探索它们的自动语义标注方法。此外，图表上下文提及内容抽取目前采用明确提示的方法，在人工标注过程中发现，此方法会导致一定程度的内容增加或减少。例如，在"讨论"或者"结论"章节部分的内容提及并非整段内容均是学术图表相关内容，又例如部分上下文提及内容和提及图表关联不大，仅仅是引用一下图表，或作为背景、方法等前置内容来描述段落内的结论。上述情况给后续的图表标注工作带来一定的干扰，影响其准确性，需要进一步结合机器学习技术研究上下文内容抽取的优化路径。

此外，本研究的语义增强标注实验以格式化 XML 论文为对象，下一步将针对 PDF 格式文献中学术图表语义增强标注展开研究，并完善相关理论和方法。

（三）在更多领域内验证 AFAT 本体的适用性

本书以农业领域中的水稻文献为例来构建学术图表的标注语料并进行增强验证，尽管具有一定的领域代表意义，但依旧存在领域适用的片面性。需在更广泛的领域、以更多的标注语料来验证 AFAT 本体及基于 AFAT 本体的语义标注方法的可扩展性及广泛的领域实用性。

（四）开展基于图数据库存储及索引的学术图表发现研究

在 AFAT 本体驱动的学术图表知识发现实验性平台设计中，由于技术能力限制，学术图表语义知识库的构建是基于语义关系型数据库存储 RDF 数据的。尽管处理小样本数据时，基于关系数据库的存储可以胜任，但面对复杂的本体关系以及未来可见的大规模数据处理时，关系型数据库仓储中的大量自联结和跨表联结操作会极大降低查询处理的效率。未来将探索基于图数据库或者 NoSql 数据库存储的 RDF 索引、检索。

（五）挖掘 AFAT 本体支持学术图表概念发现及更多图表语义关联发现的潜力

本研究构建的 AFAT 本体驱动的学术图表知识发现实验性平台目前仅实现了简单的图表查询、详情浏览及简单的跳转关联，未能完全体现出本体框架的语义关联效果。因此，未来将在语义功能上继续探索学术图表的增强发现。具体而言，一方面，结合领域本体或领域叙词表，实现从关键词检索到支持概念检索的转变；另一方面，结合词向量、相似度计算、机器视觉识别等技术，开发诸如同实验信息图表、视觉相似图表等功能。

第一章

图表与论文①

第一节　图表的前世今生

从广义来说，史前人类就已经开始使用象形图来记录信息。在世界上最古老的城市乌尔，当时人们用图表来记录农作物的收成和贸易情况。随着文字的出现，图表所含的信息更加凝练，渐渐出现地图、技术绘图等不同形式。

公元前 6200 年于土耳其地区出现的壁画，可能是世界上最早的地图（图 1-1）。

中国的地图最早见于夏朝，《史记·夏本纪》记载了夏禹治水的事迹，地图绘制在鼎上，九鼎是见于文献记载的、刻绘有九州山川形势的原始实物地图。现代考古发现的我国最早的地图实物，是出土于甘肃天水放马滩战国墓地一号墓中的《放马滩地图》（图 1-2）。

① 本部分的图表和历史内容参考了 datavis.ca 网站的内容。

图 1-1 公元前 6200 年土耳其地区出现的壁画

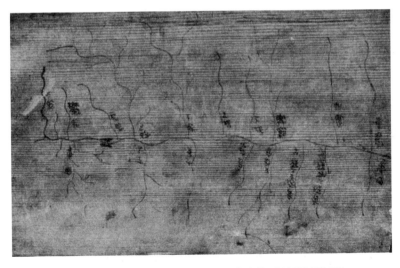

图 1-2 天水放马滩战国墓地一号墓中的《放马滩地图》

自 17 世纪起，信息呈现开始具备基于数据的特征。在这一时期，解析几何的兴起、测量误差理论与概率论的诞生，以及人口统计学的开端和政治版图的发展，共同为数据可视化提供了必要的要素支撑。Michael van Langren 在 1644 年绘制了堪称里程碑的作品，该作品很可能是统计数据的第一个视觉表示。在这幅作品中，他绘制了从托莱多到罗马之间当时已知的 12 个经度差异，并在相应的经度位置上标注了观测的天文学家的名字（图 1-3）。

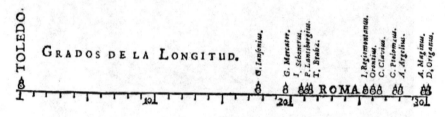

图 1-3　Michael van Langren 绘制的经纬图

18 世纪，数据价值更加受到人们重视，许多崭新的数据可视化形式在这个世纪里诞生了。其中 William Playfair 是现代统计图形方法的奠基人之一。他不仅创造了线图、饼图等日常普遍使用的统计图表，还发明了抽象展示数据结构的方法，有力地推动了数据可视化的发展。William Playfair 绘制了英格兰在 1700 年到 1780 年的进出口数据的线图（图 1-4），该线图被认为是历史上最早的线图，其横轴是带有年份标识的时间刻度，纵轴是数值。

进入 19 世纪，随着工艺设计的不断完善，统计图形和主题制图在数量及类型方面都出现显著的增长。新出现的图表有柱状图、饼图、直方图、折线图、时间线、轮廓线等。在专题制图学领域，制图从单一地图发展成为全面的地图集，其描绘了涉及各种主题（经济、社会、道德、医学、身体等）的数据，并且演化出了可视化思考的新方式。

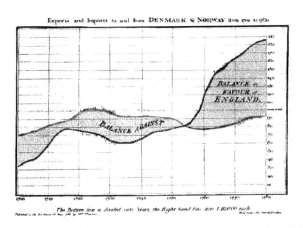

图 1-4　William Playfair 绘制的英格兰 1700—1780 年进出口数据线图

　　1817 年，亚历山大·冯·洪堡绘制了第一张等温线图，该图通过纬度显示世界各地的平均温度，并与经度相关联（图 1-5）。此图揭示了温度与纬度和经度这两个变量之间的直接关系，让人们认识到温度在更大程度上取决于纬度和海拔高度。

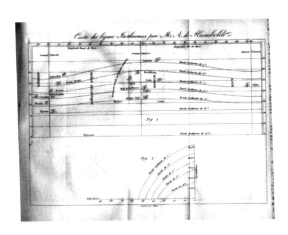

图 1-5　亚历山大·冯·洪堡绘制的等温线图

　　南丁格尔整理了英军死亡人数及原因，以 Playfair 的思想为基础，将图表并入她的众多出版物中，绘制了著名的极地面积图 Coxcomb（又称为玫瑰图）。该图表按月描绘了克里米亚战争期间士兵死伤原因，每个楔形物的面积代表了统计数据的大小，揭示了真正影响战争死亡人数的是军队的医疗保障（图1-6）。

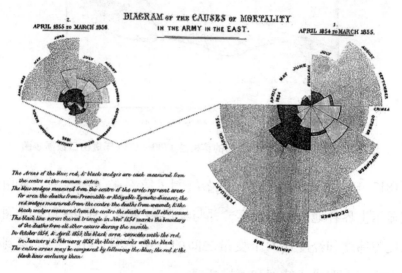

图1-6 南丁格尔绘制的极地面积图

1844年，Charles Joseph Minard 绘制了一幅名为 "Tableau-graphique" 的图形，显示了运输货物和人员的不同成本（图1-7）。在这幅图中，他创新地使用了分块的条形图，条形块图的宽度对应路程，高度对应旅客或货物种类的比例。这幅图是当时马赛克图的先驱。

随后，Charles Joseph Minard 创作了著名的《拿破仑1812远征图》（图1-8）。这张图的经典之处在于，以二维图表展示了时间、地理坐标、温度、法军前进撤退方向等丰富信息，以出众的视觉表现力揭示了拿破仑指挥法军入侵俄罗斯的惨败原因。

自20世纪开始，数据可视化在科学研究中更多地崭露头角。英国经济与统计学家 Arthur Bowley 引入时间序列图光滑化的方法，绘制了

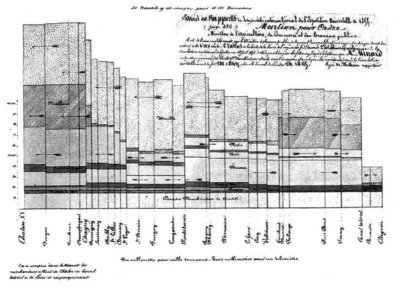

图 1-7 Charles Joseph Minard 绘制的分块条形图

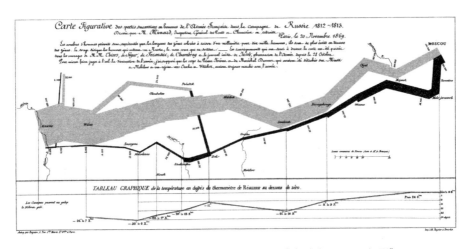

图 1-8 Charles Joseph Minard 创作的《拿破仑 1812 远征图》

1855—1899 年间不列颠和爱尔兰的出口总值图（图 1-9），推动了探索性数据分析的发展。

到了 20 世纪中期，电子计算机的出现让图表应用以及数据可视化进入爆发期。计算机凭借高分辨率的图形以及交互式的图形分析功能，

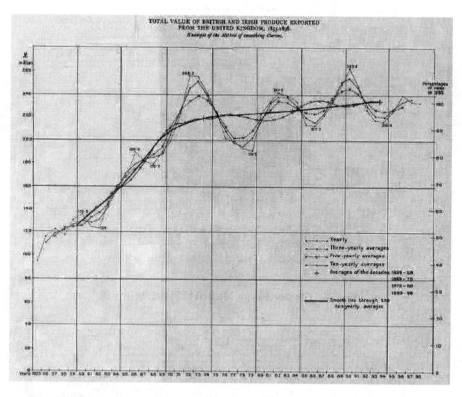

图1-9 Arthur Bowley 绘制的 1855—1899 年不列颠和爱尔兰的出口总值线图

具备了手绘时代无法企及的表现能力。与此同时，数理统计使数据可视化变成了一门科学，而世界大战和随后工业和科学发展所引发的对数据处理的迫切需求，促使这门科学被广泛运用到各行各业。

时至今日，可视化的图表已经成为我们生活中的重要组成部分。它能够帮助人们更有效地理解和处理大量的信息和数据。通过可视化图表，人们可以更直观地观察和分析数据，发现数据之间的关系和趋势，从而更快、更准确地做出决策。此外，可视化图表还可以提高信息的吸引力和说服力，使读者更容易理解并记住信息内容。在科学教学方面，可视化图表有助于学生更好地理解和掌握科学知识，提高应用知识的能力。在新闻传播领域，可视化图表可以使受众更迅速地掌握新闻的核心信息，加深对新闻的理解和记忆。在大数据时代，数据可视化可以提高数据挖掘的效率和决策的准确性，使复杂的数据报告变得简单易懂。

第二节 论文中的学术图表

学术图表是指在科技文献中用于内容描述、论点支撑、数据对比的各类图表数字对象。它是一系列、多步骤科学研究过程的最终产物，也是科学数据部分内容的展示。一方面，它被作者用于不同的用途，如多维度地展示指标（表格）、呈现复杂的结果（复合图）、展示特殊对象（DNA 图）、直观展示实验（照片、成像图），以此突出数据性的对比、趋势、统计特征等内容，帮助读者更加直观地理解论文，提供比正常摘要更多的信息内容。在 STEM 论文中，重要的科学研究结果通常借助图表来解释说明。另一方面，读者通过阅读查看文献内的学术图表来评估文档相关性，借助图表信息提高检索效率。同时，多数学术图表和学术研究中产生的科学数据同源，甚至是科学数据的精华所在，因而学术图表是有效关联科技文献和科学数据的纽带。总之，学术图表对于科学研究及教育而言是非常重要且不可或缺的内容，需要对其进行有效发现。

在研究型科技论文的不同位置恰当、合理、规范地选择合适形式的图表，与论文正文一起加深刻画论文的研究内容、研究发现和研究意义，不仅有助于作者更加科学、精准地表达自己的科研工作，也有助于编辑与审稿专家更加高效、直观地判断论文工作的发表价值与潜在的学术影响力，更有助于广大读者理解论文的核心科学问题、基本学术思想及可供参考的研究方法与技术手段，因而具有重要的信息传播学价值。

由于早期的科学论文并没有详细的记录，如今已经无法确定最早出现图表的论文了。不过可以明确的是，图表在科学研究中的应用历史非常悠久，可以追溯到古代。例如，在公元前600年左右，古希腊的医生们就开始使用图表来记录病人的体温。在16世纪，科学家们开始使用图表来表示实验结果。到了17世纪，图表已经成为科学研究中不可或缺的一部分。随着信息时代数字学术的繁荣发展，学术图表大量存在于科技文献中，已经成为科技文献的基本元素。

相较于大众接触较多的自然图像（例如照片），学术图表具有以下几方面的特征。

一是学术论文中图表类型复杂多样。论文中常见的图形有条形图、直方图、线状图、散点图、箱形图、热力图、甘特图、雷达图、地图、饼形图、点阵图表、树形图、网络图、文氏图、流程图、层级图、原理解释图、序列图、桑基图、字云图，此外还有基于机器视觉采集到的图类型，包括有凝胶图、成像图、照片等。而且，一篇论文中通常会存在多种类型的图形。

二是学术图表涵盖的信息要素更多。学术图表通常不会单独存在，它一般会包括图表本身、图表文字说明等，而这些当中包含着许多重要信息。图表本身最直观的信息内容是图表类型，图表类型可以反映出研究者表述研究内容时的研究意图。例如，成像图通常是为了表达研究者实验的观察结果，直方图通常表达研究者数据对比的意图，示意图通常表示流程、思路或框架。图表本身还包括图表的数据内容，其又可以细分为数据区域和图例区域。数据区域包括坐标轴信息（X轴、Y轴、刻度、单位）、数据点、流程点、图像对象（如水稻在培养皿内）。图例区域针对复杂的对比分析，所包含的信息包括不同对比对象以及用于区分的色彩和形状信息，这些数据内容通常体现了图表的对象及对象所度量的维度等信息。学术图表还包含图表的文字说明。图表文字说明包括图表标题、图表注释、图表上下文。图表标题中包括图表序号以及图表简要描述。图表序号并非单纯的数字，还隐含了许多重要的信息，比如图表的编号通常会对应到文章主体中对该图的细致内容描述，图表的编号也意味着图表在同一篇文章中的关系；标题内容通常体现了图表的对象及度量维度，有时候图表标题就是图表的结论。图表注释通常位于图表的下方，部分图表不含图表注释，图表注释的内容通常是关于图表内容的解释，对研究者理解图表非常有用。对于复合图而言，图注通常是子图标题加上相关的内容解释。从内容结构上看，图表注释内容包括实验信息的研究过程、研究方法、实验时长、统计参数、数据来源、主题等。基于图表的编号信息，可以在图表的上下位置找到对应图表上下文，有些文献还会在研究分析或结论等部分基于图表来分析相关的研究结论。

三是学术图表的机器解析更复杂。自然图像的解析通常只需要识别出对象即可，而学术图表则不然。学术图表经常会采用多指标对比的方式来解释、论证事实，表现为图例和图注，仅仅识别图表中的数据是不够的，还需要将识别到的数据与图例中的标签或者图注中的描述进行关联。同时，图表类型多样带来一些技术上的新要求，例如学术图像的图形标记比自然图像中的纹理区域更离散，而且也更频繁地重复出现，柱状图就是典型代表。再如，许多学科领域会使用黑白像素的图，这使得图像颜色区分度低，所以低方差的像素邻域是常见的情况。

第三节 学术图表发现的历史和现在

早在 20 世纪末数字图书馆兴起之时，诸多研究者就注意到了学术图表的重要性，并提出单独发现学术图表的需求。Bishop 等研究者尝试通过搜索特定的期刊文章组成部分（包括图表标题以及表格文字）来检索科技期刊文章[1]。Futrelle 发现在生物学领域中将近 50% 的论文文本内容与图形相关[2]。Stelmaszewska 等在研究计算机科学家阅读文章的行为和需求时发现，用户阅读文章会重点查看论文中的图、表、公式等非文本内容，用以评估论文是否符合自己需求，同时指出论文中的图、表等数字表现形式对于用户评估文章相关性非常重要。他们建议数字图书馆的设计者应该在无需用户进行特定操作的情况下，将图表等数字表现内容呈现给用户，以支持用户对文章相关性的评估[3]。2008 年，CSA 开展了一项期刊论文组件索引及检索系统用户需求调查。调查发现，在检索系统内搜索表格、图形、图表和地图对研究、

① Bishop, A. P. Document structure and digital libraries: how researchers mobilize information in journal articles [J]. Information Processing and Management, 1999, 35 (3): 255-279.

② Futrelle RP. Handling figures in document summarization [C] //. Proceedings of the ACL-04 Workshop: Text Summarization Branches Out, 2004: 61-65.

③ Stelmaszewska H, Blandford A. From physical to digital: a case study of computer scientists' behaviour in physical libraries [J]. International Journal on Digital Libraries, 2004, 4 (2): 82-92.

教学均非常重要，期刊文章中包含的表格及图像能让判断文章的相关性变得更加容易。同时，调查还发现用户要求支持图表检索的系统应具有高精准度、拥有灵活的检索页面、支持联邦检索、提供无缝的论文获取以及提供用于处理符号和支持符号检索的标准化解决方案等功能。[①]

学术图表发现经历了对象发现到知识发现的演变。

一、学术图表对象发现

对象发现是指从科技文献中抽取、组织、检索发现学术图表的过程。学术图表对象发现又经历学术图表对象的简单发现——学术图表对象关联文献发现——学术图表对象的多维发现三个阶段：①学术图表对象的简单发现阶段，学者们关注如何从科技文献内提取出单一的学术图或学术表，并采用元数据方式对学术图表的简单信息加以组织，提供基于关键词的学术图表发现。②学术图表对象关联文献发现阶段，在前期研究基础上，研究者们将学术图表上下文内容也作为学术图表发现的重要信息来源，建立学术图表和所在文献的关联，尝试将学术图表融入科技文献发现系统中。与此同时，这一时期学术图像分类研究大量涌现，学术图像分类组织成为该阶段新的特色。③学术图表对象的多维发现阶段，部分大型数字资源商（如 Pubmed、CNKI）参与到学术图表对象发现工作中来，他们探索更多的发现方式，如利用学术图像的图像特征实现图—图发现，尝试利用自然语言处理技术、机器

---

① Sandusky R J, Tenop ir C, Casado M M. Figure and table retrieval from scholarly journal articles: user needs for teaching and research [J]. Proceedings of the American society for information science and technology, 2007, 44 (1): 1-13.

学习算法等自动化抽取学术图表、学术图表文本内容及学术图表所在文献的元数据来实现海量学术图表信息发现，尝试引入语义知识组织体系（如主题词表）来实现语义扩展发现。表 1-1 总结了学术图表对象发现不同阶段的相关研究与实践情况。

表 1-1　学术图表对象发现不同阶段的相关研究与实践

阶段	发现内容	主要 应用技术	组织方式	发现方式	相关研究 及实践
学术图表对象的简单发现	学术图表标题、注释、学术表条目、学术图像图例	学术图表对象获取及文本获取	元数据组织	关键词发现	TINTIN①、FigSearch②
学术图表对象关联文献发现	学术图表标题、注释、文献标题、学术图表上下文、学术图像类型	学术图表对象获取及文本获取/人工标注	元数据组织/图表分类组织	关键词发现/图表类型发现	CSA llustrata③、TableSeer④、Yale Image Finder⑤

① PYREDDY P，CROFT W B. TINTIN：A system for retrieval in text tables［C］//Proceedings of the second ACM international conference on digital libraries. Philadelphia：ACM，1997：193 - 200.

② LIU F，JENSSEN T，NYGAARD V，et al. FigSearch：a figure legend indexing and classification system［J］.Bioinformatics，2004，20(16)：2880-2882.

③ TENOPIR C，SANDUSKY R，CASADO M. The value of CSA deep indexing for researchers（executive summary）［J］.School of information sciences publications and other works，2006(1)：1-4.

④ LIU Y，BAI K，MITRA P，et al. TableSeer：automatic table metadata extraction and searching in digital libraries［C］//Proceedings of the 7th ACM/IEEE-CS joint conference on digital librariesIEEE. New York：ACM，2007：91-100.

⑤ XU S H，JAMES M C，MICHAEL K . Yale image finder（YIF）［J］.Bioinformatics，2008，17(24)：1968-1970.

续表

阶段	发现内容	主要应用技术	组织方式	发现方式	相关研究及实践
学术图表对象的多维发现	学术图表标题、注释、学术图表上下文、学术图像类型、学术图表主题、文献标题、作者、相似学术图表	学术图表对象获取及文本获取/人工标注/图像自动分类/文本自动标注	元数据组织/图表分类组织/主题词表	关键词发现/图表类型发现/主题词发现	Biomedical、Figure Search①、Pubmed Central②、CNKI③、Open-i④、FigureSeer⑤

对象发现虽然在一定程度上能够满足科研人员查找非文本型学术资源的需求，但其仅揭示学术图表的显性信息，并未对学术图表内隐藏的其他知识进行识别和揭示。此外，在对象发现中，学术图表与文本发现处于相互割裂的状态，这不利于两者知识互通、融合。近年来，随着机器视觉识别技术、文本深度挖掘技术、语义组织技术快速发展与成熟，学术图表发现也从仅发现学术图表对象逐渐走向发现学术图表隐藏知识的新阶段。

二、学术图表知识发现

知识发现（Knowledge Discovery in Database，KDD）是基于数据库

---

① HONG Y，LIU F，RAMESH B P . Automatic figure ranking and user interfacing for intelligent figure search[J].*Plos one*，2010，5(10)：e12983.

② NCBI. PMC[EB/OL].[2022-08-31].https：//www. ncbi. nlm. nih. gov/pmc/.

③ CNKI. CNKI 图片检索[EB/OL].[2024-03-31].http：//image. cnki. net/Default. aspx.

④ National Library of Medicine. Open-i[EB/OL].[2023-08-31].https：//openi. nlm. nih. gov/.

⑤ SIEGEL N，HORVITZ Z，LEVIN R，et al. FigureSeer：parsing result-figures in research papers [C]//European conference on computer vision. Amsterdam：springer international publishing 2016：664-680.

的知识发现，它是从数据中识别出有效的、新颖的、潜在有用的、最终可理解的模式的非平凡过程[1]。学术图表知识发现是从海量文献里海量学术图表数据中自动构建并发现新的知识模式的过程。这一过程并非依靠人工进行演绎、归纳和推理，而是借助机器学习来实现的。学术图表具有文本信息表示和视觉信息表示的双模态特征，其双模态特性意味着学术图表知识发现需要依托统计学的机器学习算法、强大的数据库技术支持、融合语言学词汇及句法特征来处理文本和训练知识模式、基于机器视觉识别挖掘学术图表视觉特征中隐藏的知识模式。

相比于学术图表对象发现，学术图表知识发现在以下三个方面有所突破：首先，学术图表知识发现不再割裂学术图表和科技文献文本。其通过挖掘学术图表中的显性及隐性知识，并基于数字知识模式表示来消除学术图表和学术文本间的模态隔阂，进而知识层面上的跨模态发现，使得计算机能够真正将学术图表理解为科技文献的知识组成部分。其次，知识发现面向海量数据处理，因此自然语言处理、图像自动分类、文本自动分类、自动语义标注、信息抽取等技术是学术图表知识发现的重要支撑。而语义知识组织则是学术图表知识发现的主要组织方式，它能够协助多源异构系统进行检索和细粒度内容发现。最后，知识模式发现是学术图表知识发现的重心。学术图表知识发现将在本体等领域知识组织体系和人工标注语料的基础上，融合视觉对象识别、术语抽取、语义标注、关系抽取等技术，针对复杂知识开展自动抽取及建模。

---

① FAYYAD U M, PIATETSKY-SHAPIRO G, SMYTH P. From data mining to knowledge discovery in databases [J]. *Ai magazine*, 1996, 17 (3): 37-54.

第二章

学术图表的信息组织

以学术图表为研究对象的知识组织，是指对学术图表进行结构设计、内容记录和知识集合整序等工作，并通过把这些工作成果转化成有序的结构化内容，使其易于进行内容揭示与机器理解，以推动学术图表知识发现。元数据、图表分类、本体、知识图谱的提出与应用，为实现多层次、细粒度的学术图表知识组织提供了方法和路径。

第一节　学术图表元数据组织

元数据是信息资源发现中常用的信息组织模式。它通过结构化的描述，对具体的情境进行定制化的解释，实现对资源的组织、发现、互操作、归档和保藏等。其优势在于表达的多样化、灵活，门槛低。因而，元数据是最早应用于学术图表的组织方式，也是图表发现方面应用最多的信息组织方式。

早期，剑桥科学文摘提出了"深度索引"方法，并开发了 CSA llustrata 平台，该平台抽取文献中的表格、图片等数据，对其元数据进行标引，建立图表独立索引数据库，进而提供基于关键词、作者、单位的图表检索服务。BioText Search Engine 同样采用元数据方式来组织发现文献内的图表数据。William Brouwer 等人抽取期刊论文中 2D 图的坐标轴信息及数据点，基于元数据方式组织、索引及检索图像[①]。NOA 搜索引擎将图像标题、论文标题、期刊标题和作者添加到元数据索引当中，提供关键词检索图像的服务。上述实践均未将学术图表的上下文纳入图表发现的信息来源。Sumit Bhatia[②]、Shashank Agarwal[③] 等尝试将正文内容融入学术图表的发现检索，基于信息抽取技术为科学文献中的图表抽取文本摘要，并以元数据方式对摘要进行组织。曹树金等构建了细粒度聚合单元元数据框架并将其用于数据检索，实现了图片标题、文献来源、上下文等内容检索，并提供颜色、发表年度、关键词、图片类别分面功能[④]。

从应用范围看，学术图表相关的元数据组织模型分为通用模型和领域模型。

在通用模型方面，国内外有多个图像元数据格式规范。国外较早地开展了数字图像元数据格式研究，早在 20 世纪末，网络艺术品描述类目元数据标准（Categories for the Description of Works of Art，CDWA）、

---

① Kataria S, Brouwer W, Mitra P, et al. Automatic extraction of data points and text blocks from 2-dimensional plots in digital documents [C] //the National Conference on Artificial Intelligence, 2008: 1169–1174.

② Bhatia S, Mitra P. Summarizing figures, tables, and algorithms in scientific publications to augment search results [J]. Acm Transactions on Information Systems, 2012, 30 (1): 1–24.

③ Agarwal S, Yu H. FigSum: automatically generating structured text summaries for figures in biomedical literature. [J]. Amia Annu Symp Proc, 2008, 2009: 6–10.

④ 曹树金，李洁娜，王志红. 面向网络信息资源聚合搜索的细粒度聚合单元元数据研究 [J]. 中国图书馆学报，2017, 43 (4): 74–92.

加州数字图书馆元数据标注（California Digital Library metadata，CDL）、视觉资源核心类目（Visual Resources Association，VRA Core）、NISO/CLIR/RLG Technical Metadata for Images 等标准就已经被开发出来①。国内也开发了图像元数据规范②，对图像的 21 个元素进行了定义，包括名称、创建者、主题、描述、出版者、其他责任者、日期、资源类型、格式、标识符、来源、语种、相关资源、时空范围、权限、版本、受众、背景、源载体、馆藏信息、收藏历史。除此以外，针对特定类型的图像元数据标准也得以开发，如美术图像数字化元数据标准③、中文新闻图片内容描述元数据规范④。这些元数据规范提供了通用性的图像描述框架，对学术图表元数据模型有一定的参考意义，但较少用于发现实践。

在领域应用方面，学术图表在不同数据库有着不同的组织框架。CSA llustrata 标引的元数据框架包括图表标题、图表类别、DOI、地理术语、文献作者、文献标题、文献摘要、期刊名称、文献主题等。TableSeer 从 PDF 中抽取表格，并将其组织成为五类元数据，包括：表格环境元数据（如文档类型、表格所在文档页码、文档标题等）；表格框架元数据（记录表格四周是否有框）；表格附属元数据（表格标题、脚注、参考文献）；表格布局元数据（如表宽、表长、行数、列数、分割线等）；表格内容元数据（表格中的具体数值）及表格内容类型元数据

① 袁莉，张晓林．数字图像的元数据格式［J］．大学图书馆学报，2001，19（2）：27-30.
② WH/T 51-2012 图像元数据规范［EB/OL］．［2022-08-31］．http：//www.nssi.org.cn/nssi/front/gbdetail.jsp？A001=NjgzOTE4NQ==.
③ 金赛英．美术图像数字化元数据标准探究［J］．图书馆学刊，2014，36（003）：48-50.
④ 中文新闻图片内容描述元数据规范 GB/T 35311-2017［EB/OL］．［2022-05-31］．http：//openstd.samr.gov.cn/bzgk/gb/newGbInfo？hcno=860E88FCA316ACC671A41EAB54F82F850

（数值或非数值）。CNKI 学术图片知识库元数据框架含 15 个数据项，分别是图片 ID、图片标题、图片说明、图片关键词、图词、分类、图片尺寸、图片大小、图片清晰度、图片页码、图片地址、同文图片、语义相关图片、读者推荐图片。PMC 同样采用元数据方式组织论文中的学术图片，其元数据字段包括图标题、图注、图所在文章 DOI、文章出版时间、同文图片等信息。美国伦琴射线学会放射学期刊的图像检索系统 GoldMiner[①] 及美国国家医学图书馆的多模态生物医学图像搜索引擎 Open-i 则结合其他现有元数据（如病人诊断识别码）、相关书目元数据（如标题、作者、期刊、图像说明文本等）及视觉特征元数据对医学图像进行组织与描述。Open-i 是美国国立卫生研究院（National Institutes of Health，NIH）开发的科研图片数据库，它综合了来自 PubMed Central、Medpix、USC Orthopedic Surgical Anatomy、Images from the History of Medicine（NLM）、Indiana U. Chest X-rays 等诸多来源的科研图片，其中 PubMed Central 主要针对学术论文中的学术图片。Open-i 的元数据字段包括图片标题、图片注释、图片上下文提及文本、图片分类、论文标题、论文摘要、所属机构、期刊名称、MESH 主题扩展等内容。

第二节　图表分类组织

图表分类组织聚焦于图表视觉特征，按照图表类型来对学术图表

---

① Kahn Jr C E, Thao C. GoldMiner：A radiology image search engine [J]. American Journal of Roentgenology, 2007, 188（6）：1475-1478.

进行信息组织。早在 20 世纪 80 年代，遥感领域以及医学领域就已经着手研究各自领域中的学术图像分类了。图表分类组织依赖计算机视觉识别和机器学习技术，然而其组织体系尚无通用标准，研究人员往往会依据任务需求、领域图像特征、分类算法建立不同的图表分类组织模型。表 2-1 列举了部分研究使用的图像分类组织等信息。

表 2-1 学术图表的分类组织研究比较

工具或研究者	图像特征	分类组织类型	分类算法及效果
ReVision①	低层的图像特征(如线、点、角、弧等局部纹理特征)以及文本特征(如文本的位置、大小、角度方向和内容地区)	面积图、条形图、折线图、地图、帕累托图、饼图、雷达图、散点图、表、逻辑图	支持向量机算法;准确率 80% 左右
FigureSeer②	基于深层的像素相似度，如象征符卷积、连通分量大小、色块等	折线图、散点图、流程图、Graph plots 图块、数学算法、条形图、表格、其他	卷积神经网络算法; 准确率 86%
Prasad V S, Siddiquie B, Golbeck J, et al③	基于局部图像分割和边的连续性两个新特征，使用尺度不变特征变换和方向梯度直方图特征来表示更高层次的属性的图像区域	条形图、折线图、饼图、散点图、surface-plots	金字塔匹配算法计算相似性，采用 SVM 分类;准确率:条形图 90%、折线图 76%、饼图 83%、散点图 86%、surface-plots 84%

① Savva M, Kong N, Chhajta A, et al. ReVision: automated classification, analysis and redesign of chart images[C]//user interface software and technology, 2011: 393-402.

② Siegel N, Horvitz Z, Levin R, et al. FigureSeer: Parsing Result-Figures in Research Papers [C]//european conference on computer vision, 2016: 664-680.

③ Prasad V S, Siddiquie B, Golbeck J, et al. Classifying Computer Generated Charts[C]//content based multimedia indexing, 2007: 85-92.

续表

工具或研究者	图像特征	分类组织类型	分类算法及效果
Huang W, Zong S, Tan C L,et al①	基于图表形状中的直线、圆弧、椭圆弧形状的边数、边的顺序、并行边的对数及对称轴数等特征	条形图(2D)、饼图(2D)、饼图(3D)、线图、圆环图	多样性密度算法;准确率:条形图(2D)、饼图(2D)、饼图(3D)、圆环图近90%以上
DeepChart②	将原始图表作为输入,使用卷积神经网络算法提取名为 ConvNets 的全连接层作为隐藏特征	条形图、流程图、折线图、饼图、散点图	深度卷积神经网络和深度置信网络(动态贝叶斯网)结合;准确率75.4%
FigureClassifier③	综合考虑图像特征(灰度分布、颜色密度、子图的均匀性、偏度差异等)和文本特征	凝胶图像、事物图像、图形、模型、复合图	集成分层分类和 SVM 分类模型的多模型分类器;准确率77.8%

第三节　图表本体组织

本体以一种明确、形式化的方式表示信息资源,它通过赋予异构数据统一的语义信息,让机器能够理解这些信息,并自动处理信息之间的语义联系,从而提高异构数据之间的互操作性。

在本体组织方面,目前并没有专门面向学术图表的本体。学术图

① Huang W,Zong S,Tan C L,et al. Chart Image Classification Using Multiple-Instance Learning [C]//workshop on applications of computer vision,2007:27-27.

② Tang B,Liu X,Lei J,et al. DeepChart:Combining deep convolutional networks and deep belief networks in chart classification[J].Signal Processing,2016:156-161.

③ Kim D,Ramesh B P,Yu H,et al. Automatic figure classification in bioscience literature[J]. Journal of Biomedical Informatics,2011,44(5):848-858.

表作为科学数据的一类，适用于现有的科学数据相关本体。现有科学数据的本体组织分为四类。第一类是科学研究本体，其将科学数据（或数据集）作为整体对象纳入本体，用于描述科学数据在科研属性方面的特征。像 VIVO 本体①、引用本体（Citation Typing Ontology，CI-TO)②、CiTO4Data 本体③等，以及工作流本体，如开放证据来源模型④（Open Provenance Model，OPM）、Janus 科研工作流本体、科研证据本体（Evidence Ontology，ECO）等，都在粗粒度层次上揭示了科学数据的科研属性特征，如机构、项目、科学工作流、数据引用、证据作用等⑤。李丹丹曾尝试将这些属性都集成在一个本体设计中⑥。第二类是通用的科学实验本体或科学数据本体。这类本体将科学数据的科学过程场景进行抽象化，通过重用已有的本体属性，来描述科学数据在科研属性（机构、作者）、主题及与文献关联等方面的特征。如 A. Brahaj 设计的科学调查核心本体（Core Ontology for Scientific Investigations，

---

① VIVO-ISF Ontology［EB/OL］．［2023-03-12］．https：//wiki. duraspace. org/display/VIVO/VIVO-ISF+Ontology.

② David Shotton. CiTO, the Citation Typing Ontology［EB/OL］．［2023-03-15］．http：//jbiomedsem. biomedcentral. com/articles/10. 1186/2041-1480-1-S1-S6.

③ David Shotton，Silvio Peroni. CiTO4Data, the Citation Typing Ontology for Data［EB/OL］．［2023-03-15］．http：//purl. org/spar/cito4data.

④ Lim C, Lu S, Chebotko A, et al. Storing, reasoning, and querying OPM-compliant scientific workflow provenance using relational databases［J］. Future Generation Computer Systems，2011，27（6）：781-789.

⑤ Missier P, Sahoo S S, Zhao J, et al. Janus：From workflows to semantic provenance and linked open data［C］//Third International Provenance and Annotation Workshop, June 15-16, 2010, Troy, NY, USA. Springer Berlin Heidelberg, 2010：129-141.

⑥ 李丹丹. 基于科学工作流的研究数据组织关联模型研究［D］. 中国科学院大学，2013.

COSI)①、S. J. Chalk 提出的科学数据模型（Scientific data model)②、鲜国建提出的农业领域的科学数据与科技文献语义关联模型③、马雨萌设计的科学数据语义组织框架④均属于此类关联本体。第三类是面向具体学科领域的科学数据本体，这类本体多结合具体的领域知识（叙词表或分类法），重点关注领域知识间的相互关系，而数据仅是知识的载体形式。海洋领域本体（MarineTLO)⑤、中医胃病科学数据本体⑥、水稻基因实验本体⑦、植物学基因表达实验元数据模型⑧等均是此类本体或描述。第四类是文献组织本体，学术图表在此类本体中是作为单独类目来进行描述的。DoCo 本体⑨、话语要素本体（Discourse Elements Ontology，DEO)⑩ 等本体对文档结构进行本体化描述，对文章中各部分内容及相互关系进行定义，包括章节、表格、图片等，不过它们对学术图表的描述仅停留在标题、注释层面，并未深入描述图表上下文及

① Brahaj A. Semantic representation of provenance and contextual information in scientific research ［D］. Humboldt-Universit? t zu Berlin, Philosophische Fakult? t I, 2016.

② Chalk S J. SciData: a data model and ontology for semantic representation of scientific data ［J］. Journal of cheminformatics, 2016, 8（1）: 54

③ 鲜国建. 农业科技多维语义关联数据构建研究 ［D］. 北京: 中国农业科学院, 2013.

④ 马雨萌, 郭进京, 王昉. e-Science 环境下科学数据语义组织模型框架研究 ［J］. 数据分析与知识发现, 2015, 31（7-8）: 48-57.

⑤ Farcas C, Meisinger M, Stuebe D, et al. Ocean observatories initiative scientific data model ［C］//Oceans'11 mts/ieee kona. ieee, 2011: 1-10.

⑥ 徐坤, 蔚晓慧, 毕强. 基于数据本体的科学数据语义化组织研究 ［J］. 图书情报工作, 2015, 59（17）: 120-126.

⑦ 徐潇洁, 何琳, 陈雅玲, 等. 面向关联数据的科学实验数据语义描述模型研究—以水稻基因实验为例 ［J］. 图书馆, 2017（01）: 61-66.

⑧ 常颖聪, 何琳. 科学实验数据元数据模型构建研究——以植物学基因表达实验为例 ［J］. 图书情报工作, 2015, 59（13）: 117-125.

⑨ Constantin A, Peroni S, Pettifer S, et al. The document components ontology（DoCO）［J］. Semantic web, 2016, 7（2）: 167-181.

⑩ The discourse elements ontology（DEO）. ［EB/OL］. ［2023-05-02］. https: //sparontologies. github. io/deo/current/deo. html.

图表本身内容。科学论文功能单元本体①尝试定义学术图表的数据分析、数据描述内容，并匹配学术图表的知识类型属性（如确定性程度、情感倾向、来源），但未进一步细粒度分解学术图表内容。

表格的本体组织描述相对特殊。一方面，表格作为科学数据的一类，在上述所提及的本体中有着粗粒度的描述。另一方面，由于表格本身具有的组织特性（横纵坐标作用明显），因此部分研究者采用自定义本体或者领域本体来对其进行语义增强表示。Huiping Cao 等通过构建观测事件模型，借助本体工具，利用规范化的观测术语、实体对象，将观测数据表格转化为可理解的事件②。S. Bischof 等人针对不同格式的数据源构造不同的包装器，每个包装器抽取文档中的表格并采用领域本体进行描述③。SemAnn 工具利用 PDF 文档解析工具 PDF. js 和自定义抽取算法，先将 PDF 文档中人工选中的表格转换为 CSV 格式，然后利用 CSV-To-RDF 转换工具结合嵌入本体（如 DBpedia、FOAF 或自定义），实现对抽取出来的表格数据进行半自动的语义标注④。部分研究关注一维表的自动语义描述，Z. Zhang 提出了一种增量的、互递归的、弱监督学习的一维表数据自动语义标注方法 DBpedia，该方法利用上下

① 王晓光，李梦琳，宋宁远. 科学论文功能单元本体设计与标引应用实验［J］. 中国图书馆学报，2018（04）：73-88.
② Cao H, Bowers S, Schildhauer M P. Approaches for semantically annotating and discovering scientific observational data［C］//Database and expert systems applications. springer berlin heidelberg，2011：526-541.
③ Bischof S. Automatic Ontology-Based Knowledge Extraction from Web Documents.［EB/OL］.［2019-05-02］. https：//pdfs. semanticscholar. org/8d27/c582bb86a8f9cb4cec5a86b9ba90 ea22c828. pdf.
④ Takis J, Islam A Q M, Lange C, et al. Crowdsourced semantic annotation of scientific publications and tabular data in PDF［C］//Proceedings of the 11th international conference on semantic systems. acm，2015：1-8.

文信息和部分列数据初步得出列头对应的类和单元格数据在 FreeBase 知识库中对应的实体，通过类与实体的对应来增强表格语义[①]。C. S Bhagavatula 等认为当知识库不完整或存在噪音的情况下，列类型和列关系不一定能严格映射到知识库中预定义的类型和关系，于是构建了实体链接系统 TabEL，该系统通过考察单元格短语与候选实体在维基百科文档和表格中的共现情况来确定列类型和列关系[②]。

领域叙词表是对领域知识进行的形式化组织，其主要关系是"用、代、属、分、参、族"，可以将其看作是一类简单的领域知识本体。部分研究人员尝试运用机器视觉识别、自然语言处理、机器学习算法等技术，结合领域叙词表对学术图表实施语义标注。这种方式以领域知识组织框架为表示模型，主要关注图表中领域知识内容的标注，而较少关注学术图表本身所包含的结构、内在属性以及与文献关联等特征。结构化文本图片发现系统（Structured Literature Image Finder system, SLIF）是最早尝试此种方式的。它主要关注生物文献中的显微镜成像图，通过机器视觉识别的方法来发现成像图中的基因、蛋白质概念[③]。Ahmed 等在 Elsevier Grand Challenge on Knowledge Enhancement in the Life Science 比赛中，对 SLIF 进行了进一步的改进，不仅增强了内容来源（增加图像标题和图注信息），还将成像图进一步细分为六类[④]。人类大

① Zhang Z. Towards efficient and effective semantic table interpretation ［C］//International semantic Web conference. New York：Springer-Verlag，2014：487-502.

② Bhagavatula, C. S., Noraset, T., Downey, D. TabEL：Entity Linking in Web Tables ［C］// The Semantic Web-ISWC 2015，Springer，2015：425-441.

③ Murphy R F，Velliste M，Yao J，et al. Searching Online Journals for Fluorescence Microscope Images Depicting Protein Subcellular Location Patterns ［C］//IEEE International Symposium on Bioinformatics & Bioengineering. IEEE，2001：119-128.

④ Ahmed A，Arnold A，Coelho LP，et al. Structured Literature Image Finder：Parsing Text and Figures in Biomedical Literature ［J］. Web Semant. 2010（8）：151-154.

脑计划（Human Brain Project，HBP）将大脑成像图片的特定区域和受控词表中的概念关联①。爱丁堡老鼠图谱项目（The Edinburgh Mouse Atlas Project，EMAP）利用解剖学词表概念对老鼠胚胎的3D图片和2D组织切面进行标注②。

第四节 知识图谱组织

知识图谱于2012年由谷歌提出，其旨在从多种类型的复杂数据中抽取其中的概念、实体和关系，是一种事物关系的可计算模型③。知识图谱主要由模式层和数据层组成，其中模式层主要依靠本体来表示，而数据层主要通过RDF（即关联数据）来表示和组织④。目前，知识图谱在各领域应用广泛，学者们从学术实体、科学论文等角度对知识图谱开展相关研究。例如，李肖俊等从多源异构学术数据中进行学术实体及关系的抽取，进而提出适用于智慧学术领域的知识图谱构建的理论模型⑤。曹树金等综合运用词频分析以及互信息和左右信息熵等语义分析方法，结合ALBERT深度学习模型进行知识实体识别，构建了面

① Gertz M, Sattler K U, Gorin F, et al. Annotating scientific images：A concept－based approach ［C］//Scientific and Statistical Database Management，2002. Proceedings. 14th International Conference on. IEEE，2002：59–68.

② EMAGE. Data Annotation Methods ［EB/OL］. ［2023－11－02］. http：//www. emouseatlas. org/emage/about/data_annotation_methods. html#auto_eurexpress.

③ 张吉祥，张祥森，武长旭，等. 知识图谱构建技术综述 ［J］. 计算机工程，2022，48（03）：23–37.

④ 袁满，褚冰，陈萍. 知识图谱构建中的语义标准问题研究 ［J］. 情报理论与实践，2020，43（03）：131–137.

⑤ 李肖俊，邵必林. 多源异构数据情境中学术知识图谱模型构建研究 ［J］. 现代情报，2020，40（06）：88–97.

向学术论文创新内容的知识图谱①。

　　在计算机视觉和多模态学习研究的支持下，多模态知识图谱（也被称为跨媒体知识图谱）研究有序推进。多模态知识图谱是指包含文本和图像等多种数据类型的一种知识图谱，它将视觉或文本信息引入到知识图谱中，将图像或文本作为实体或实体的属性②。缴霖境等把概念描述表示、图像特征表示融合进翻译模型 TransR 中，以此进行跨媒体知识图谱表示学习③。陈烨等分析多模态知识图谱构建和应用过程中的多模态信息提取、表示学习和实体链接等关键技术，并列举了多模态知识图谱在推荐系统、跨模态检索、人机交互和跨模态数据管理四种场景中的应用④。刘忠宝等利用双向长短期记忆网络融合多种媒体数据的语义特征和分布特征，实现了对媒体数据间的语义关联关系的较好发现⑤。Zheng Q S 等设计了基于深度模态注意神经网络的学习排序方法，通过聚合视觉特征、文本特征和知识图谱特征，较准确地将视觉对象映射到知识图中的实体⑥。

　　综合上述分析来看，现有的数字化出版基于元数据模型，在图表

①　曹树金，赵浜. 面向学术论文创新内容的知识图谱构建与应用［J］. 现代情报，2021，41（12）：28-37.

②　Sun Rui, Cao Xuezhi, Zhao Yan, et al. Multi-modal knowledge graphs forrecommender systems ［C］//Proc of the 29th ACM International Conference on Information& Knowledge Management. 2020：1405-1414.

③　缴霖境，闫威. 融合实体概念描述与图像特征的知识图谱表示学习研究［J］. 计算机应用研究，2021，38（6）：1759-1764.

④　陈烨，周刚，卢记仓. 多模态知识图谱构建与应用研究综述［J］. 计算机应用研究，2021，38（12）：3535-3543.

⑤　刘忠宝，赵文娟. 融合语义特征和分布特征的跨媒体关联分析方法研究［J］情报学报，2021，40（5）：471-478.

⑥　Zheng Q S, Wen H, Wang M, et al. Visual Entity Linking via Multi-modal Learning ［J］. Data Intelligence，2022（1）：1-19.

数字对象的表层内容揭示、粗关联方面已经做了相关尝试，但元数据组织下的图表发现难以满足面向未来的语义出版及数字融合出版期望；本体方式虽然可以统一语义信息，但已有的学术图表相关本体主要应用在粗粒度的图表对象发现方面；多模态知识图谱在学术图表组织方面能发挥不错的效果，但是已有研究多以自然图像和视频等多媒体对象为研究对象，以学术图表为对象的跨媒体知识图谱构造方法尚不够完善。该研究采用本体方式来进行学术图表的语义组织，这样做能够支持学科间的形式化表达，发挥细粒度语义关系拓展和语义推理的优点，符合未来的发展趋势，并具有可操作性。

第三章

学术图表本体构建

学术图表语义组织框架是学术图表语义增强标注的基础。通过文献研究发现，目前学界对于学术图表尚未形成系统、一致的认识与定义，构建内容形式化且能揭示学术图表潜在语义内容及关系的学术图表语义表示模型，成为亟待解决的基础研究问题。本章首先研究本体构建理论，确定本体构建方法、流程及工具。随后深入分析学术图表不同于学术文本的独有特征，明确造成图表弱语义表达的因素，选择TBOX 模式构建学术图表语义表示模型，分析本体应用于图表发现的场景，并运用五步法构建学术图表本体（Academic Figure And Table Ontology，以下简称 AFAT 本体），同时基于语义标注任务对本体实施进化。

第一节　本体构建的理论研究

自然语言一直是有效表示知识和交流知识的方法，然而在计算机网络环境下的知识库系统却不能用自然语言来表示知识，其根本原因在于自然语言具有二义性且缺乏一致性的结构。要实现计算机自动处理知识并对知识问题进行求解，就必须准确描述知识，以某种一致化的结构存储和组织知识。本体通过赋予异构数据以统一的语义信息，使机器能够理解信息并自动处理信息之间的语义联系，进而提高异构数据之间的互操作性，促进异构平台的知识集成和共享。

本体的描述逻辑由 Tbox 和 Abox 组成，其中 Tbox 是概念术语的公理集合，Abox 是实例的断言集合。本体构建是一个复杂的过程，涉及构建方法、构建流程、构建工具等要素，同时本体构建过程中需要实施本体进化与对齐。

一、本体构建方法

从构建方式看，本体构建分为手工构建、半自动化构建、自动化构建三大类型。从方法看，本体构建方法分为领域专家构建本体、结构化内容转化本体方法及计算机自动构建本体三种类型。

（一）领域专家构建本体

领域专家构建本体是传统且目前主流的解决方案，其主要的构建方式包括手工、半自动化构建。典型的方法有：TOVE 法[①]、METH-

---

① Tham K D, Fox M S, Gruninger M. A cost ontology for enterprise modeling department of in-dustrial engineering ［C］//Proceedings of third Workshop on Enabling Technologies：Infra-structure for Collaborative Enterprises, Morgantown, WVWorkshop on Enabling Technologies, 1994：111–117.

ONTOLOGY 法①、骨架法②、KACTUS 工程法③、七步法④、IDEF-5 方法⑤等。其中七步法由斯坦福大学医学院开发，是一种主要用于领域本体的半自动化构建方法，也是目前应用最广泛的本体构建方法⑥。其流程包括：①确定本体的专业领域和范畴；②考查复用现有本体的可能性；③列出本体中的重要术语；④定义类和类的等级体系；⑤定义类的属性；⑥定义属性的分面；⑦创建实例。

（二）结构化内容转化本体

结构化内容转化本体方法是利用结构化对象自身的层级或者相关关系，将其映射成为本体中的概念和关系。该方法应用于数据库转化本体和叙词表转化本体两个维度。

数据库转化本体是利用数据库的结构化信息，基于浅层机器学习算法，将结构化数据库资源映射为 RDF 三元组，以此生成本体结构。Quan 提出了一种用于数据库中结构化数据的模糊本体构建方法⑦。

---

① Fernndez M, Gómez-perez A, Juristo N. METHONTOLOGY: from ontological art towards ontological engineering [J]. Sprng Symposium on Ontological Engineering ofAAAI, 1997 (5): 33-40.

② Pinto H S, Martins J P. Ontologies: how can they bebuilt? [J]. Knowledge and Information Systems, 2004 (6): 441-464.

③ Laresgoiti I, Anjewierden A. A, Bernaras A. Ontologies as Vehicles for Reuse: a mini-experiment [EB/OL]. [2023-11-02]. http://ksi.cpsc.ucalgary.ca/KAW/KAW96/laresgoiti/k.html#:~:text=In%20KACTUS%20we%20use%20the%20notion%20of%20ontology, increasing%20complexity%20of%20data%20models.%20There%20is%20no.

④ Noy N F, Mcguinness D L. Ontology development 101: a guide to creating your first ontology [J]. Knowledge Systems Laboratory, 2001, 32 (1).

⑤ IDEF5 Ontology Description Capture Method [EB/OL]. [2023-11-02]. https://www.idef.com/idef5-ontology-description-capture-method/.

⑥ 王亚斌. 基于本体的语义标注研究 [D]. 甘肃：兰州理工大学，2010.

⑦ Quan T. T, Hui S. C, Fong A. C. M, et, al. Automatic fuzzy ontology generation for semantic web [J]. IEEE Transactions on Knowledge and Data Engineering, 2006, 18 (6): 155-164.

D2RQ 是一种用于从数据库生成本体的流行且自动化的工具，它使用资源描述框架（RDF）描述了从数据库的映射关系，进而构建虚拟 RDF 图①。郭朝敏从数据库中抽取关系模式并写入 XML 格式的关系模式文件，通过语义信息的发现、本体映射、补充领域规则等方式实现本体构建②。

国内多位研究者尝试手工、半自动、自动等方式将叙词表转换为本体。唐爱民等融合 Enterprise 法、METHONTOLOGY 法及软件开发的瀑布模型，提出了一种基于叙词表构建领域本体原型的方法③。曾新红制定了中文叙词表转换为 OWL 本体的转换/扩展规则，根据转换规则设计的转换程序可将中文叙词表自动转换为 OWL 格式④。李景利用 oracle 数据库应用程序，以农业叙词表为中心知识库基础，搭建了大规模本体开发环境原型系统（LODE)⑤。

（三）计算机自动构建本体

计算机自动构建本体方法基于自然语言处理和机器学习算法，从大规模语料数据或者文本中抽取概念、术语、关系，并以此构建本体。Bae 提出了 ACORN，它可以从大量文本中生成领域本体⑥。Wächter 提

---

① D2RQ．［EB/OL］．［2023-11-02］．https：//www.w3.org/2001/sw/wiki/D2RQ．
② 郭朝敏，姜丽红，蔡鸿明．一种关系数据库到本体的自动构建方法［J］．计算机工程与应用，2012，48（7）：115-120，248．
③ 唐爱民，真溱，樊静．基于叙词表的领域本体构建研究［J］．现代图书情报技术，2005（4）：1-5．
④ 曾新红．《中国分类主题词表》的 OWL 表示及其语义深层揭示研究［J］．情报学报，2005，24（2）：151-160．
⑤ 李景．领域本体的构建方法与应用研究［D］．北京：中国农业科学院农业信息研究所，2009．
⑥ Bae E，Vasudevan B G，Balakrishnan R. ACORN：Towards Automating Domain Specific Ontology Construction Process［C］//Asia-Pacific Web Conference，APWEB 2008，487-498．

出了一种半自动的德累斯顿本体生成器，称为 DOG4DAG，它利用有向无环图[①]。Yahia 提出了一种从 XML 文件生成本体的方法，该方法可通过在域中提供通用概念来交换数据[②]。Qi 提出一种基于众包模式的学习活动流程方法，用以指导在线学习者的学习，同时推动主题本体的产生和发展[③]。尤胜提出了基于多源数据（包括 TXT 文本、叙词表、HTML 文本），从文本中抽取术语，结合专家知识来确定概念的领域本体半自动构建方法[④]。陈晓燕等提出基于深度学习的领域本体构建方法，从概念抽取、层级关系构建、属性抽取三个模块，结合人工干预搭建起本体架构[⑤]。相关研究还构建了从文本中提取本体的系统，例如 TextToOnto[⑥]、Ontolearn[⑦]、OntoLT[⑧]、TextOntoEx[⑨] 等。

综合而言，三种方法各有优势及不足。领域专家构建本体方法能

① Thomas Wächter, Michael Schroeder. Semi-automated ontology generation within OBO-Edit [J]. Bioinformatics, 2010 (12): i88-i96.

② Yahia N, Mokhtar S A, Ahmed A W. Automatic Generation of OWL Ontology from XML Data Source [J]. International Journal of Computer ence Issues, 2012, 9 (2).

③ Wang Q, Ding G, Yu S. Crowdsourcing mode-based learning activity flow approach to promote subject ontology generation and evolution in learning [J]. Interact. Learn. Environ., 2018 (1): 1-19.

④ 尤胜. 数字图书馆本体的构建方法研究与应用 [J]. 现代电子技术, 2016, 39 (17): 112-115.

⑤ 陈晓燕, 贾珊, 何有世. 基于深度学习的领域本体构建研究——以汽车领域为例 [J]. 情报杂志, 2020 (1): 174-178.

⑥ Alexander M, Steffen S. Semi-automatic engineering of ontologies from text [C] //Proceedings of the 12th international conference on software engineering and knowledge engineering, Chicago, USA, 2000.

⑦ Navigli R, Velardi P, Gangemi A. Ontology Learning and Its Application to Automated Terminology Translation [C] //IEEE Intelligent Systems. 2003.

⑧ Buitelaar P, Olejnik D, Sintek M. A Protege Plug-In for Ontology Extraction from Text Based on Linguistic Analysis [C] //Proceedings of the 1st European Semantic Web Symposium. Springer Berlin Heidelberg, 2004: 31-44.

⑨ Dahab M Y, Hassan H A, Rafea A. TextOntoEx: Automatic ontology constructionfrom natural English text [J]. Expert Systems With Applications, 2008, 34 (2): 1474-1480.

够提供优质的专家知识，所设计的本体知识高度凝练，语义关系丰富，能较好地支持本体推理，但该方法需要耗费大量的时间、精力、成本等；结构化内容转化本体方法能够保证一定的概念和关系的准确性，但其限定于拥有叙词表的学科领域，同时面对复杂的逻辑结构或者关系表达时显得力不从心，此外，规则确定需要大量人工精力；计算机自动构建本体的方法相对而言效率更高，但对技术要求高（要熟悉信息抽取及机器学习分类算法），与此同时，自动抽取概念、术语存在噪音数据大的问题，这会影响本体的一致性表达和语义推理。

本研究构建的学术图表本体是一个小型应用本体，注重语义关系的准确性、可复用性，因此，本研究选择领域专家构建方式来构建本体的核心框架。

二、本体构建工具

本体工具数量众多。Mike Bergman 在其博客上归纳了共计 185 个本体工具，并将工具分为七大类型：综合性本体构建工具、词汇提示工具、本体初始化工具、本体编辑工具、本体可视化工具、本体映射工具以及一些杂项本体工具①。

Protégé② 是目前应用最广且使用便利的本体工具。它提供免费、开源及可视化本体编辑器和知识库框架。Protégé 支持 Protégé 框架和 Protégé-owl 编辑器两种本体建模方法。使用 Protégé 构建的本体可以导出为包括 RDF（S）、OWL 和 XML Schema 等格式的内容。此外，

---

① Mike Bergman. Listing of 185 Ontology Building Tools［EB/OL］.［2023-11-02］. http：//www.mkbergman.com/904/listing-of-185-ontology-building-tools/#onto_list1.

② Protégé［EB/OL］.［2023-11-02］. https：//protege.stanford.edu/.

Protégé 还提供大量的第三方插件扩展平台功能。本研究基于 Protégé 5.5 工具来构建学术图表本体。

三、本体进化

本体是概念化的显式描述，它提供客观世界知识的形式化语义表示。然而伴随领域交叉发展、时间推移、应用环境变化，客观世界的知识也在不断演变。所以，用于描述知识的本体需要动态变化，以避免本体所表示的知识出现错误或失效的情况。

本体进化指的是在初始核心领域本体基础上，依据一定的理论、技术和标准，对本体概念结构、概念及关系不断进行丰富、完善、改进、更新和评估的过程和方法。

本体进化是一个复杂且持续的过程，它由许多步骤组合而成。表 3-1 对比了不同研究者提出的本体进化步骤。

表 3-1　本体进化理论研究

研究者	本体进化步骤研究				
Zablith, Fouad①	进化需求检测	建议更改	更改验证	影响评估	管理进化
KAON②	捕获更改	更改表示	语义更改/验证	更改传播	更改应用
Klein &Noy③	—	数据转换	一致性实现/验证	—	更新

---

① Fouad Z，Grigoris A，Mathieu d′Aquin，et. al . Ontology evolution：a process-centric survey. ［J］ The Knowledge Engineering Review，2015(1) :45-75.

② Stojanovic，L. Methods and Tools for Ontology Evolution ［D］ Germany：University of Karslruhe. 2004.

③ Klein M，Noy N. A component-based framework for ontology evolution ［C］ Proceedings of theIJCAI-03 Workshop on Ontologies and Distributed Systems，Acapulco，Mexico，2003.

续表

研究者	本体进化步骤研究				
Protege①	—	—	检查更改	更改审计	接受/拒绝更改
Evolva②	信息发现	关系发现	验证	—	管理
DILIGENT③	本地更改	—	修改	—	本地适用
Peter Plessers④	变更请求/变更检测	变更实现	一致性维护	演化成本/变更恢复	版本一致性
蔡丽宏等⑤	变化捕获	变化表示	语义变化	变化传播/变化执行	变化确认

综合上述研究，确定本体进化的五个步骤分别是：

（1）进化需求检测。从本体自身结构调整（如本体语言的改变、本体表示结构的改变）、数据集修改变化（如领域内出现新的概念）、用户使用模式变化三个方面检测本体进化的需求，获取进化内容。

（2）更改表示。用适当的形式语义表示需要更改的内容。

（3）更改验证及执行。验证更改内容以确保新的更改不影响本体一致性。

（4）影响评估。上个步骤评估本体进化对本体自身的影响，此步

① Noy N，Chugh A.，Liu W，et. al . A framework for ontology evolution in collaborativeenvironments［C］//Proceedings of the 5th International Semantic Web Conference（ISWC－06），Athens，GA，USA，2006：544－558.

② Zablith，F. Evolva：a comprehensive approach to ontology evolution.［C］//Proceedings of the PhDSymposium of the 6th European Semantic Web Conference（ESWC－09），Heraklion，Greece，2009：944－948.

③ Vrandecic D，Pinto H. S，Sure Y，et. al . The DILIGENT knowledge processes.［J］Journal of Knowledge Management，2005（5）：85－96.

④ Plessers P，Troyer O D，Casteleyn S. Understanding Ontology Evolution：A Change Detection Approach［J］.SSRN Electronic Journal，2007：39－49.

⑤ 蔡丽宏，马静，吴一占，等 . 基于OWL的本体半自动进化研究［J］.情报学报，2011，30（1）：56－60.

骤主要评估本体变化对依赖该本体的其他本体或者应用（例如语义标注）的影响。

（5）进化管理。跟踪本体进化全流程，记录本体变化内容与不同版本。

第二节　构建 AFAT 本体

本研究首先分析学术图表的独有语义特征，定义图表发现场景，以七步法为指导，将七步法简略成五步，即明确本体内容范围和应用范畴，复用相关本体，定义及列举本体类，定义属性及属性分面，创建本体实例。AFAT 本体构建过程如图 3-1 所示。

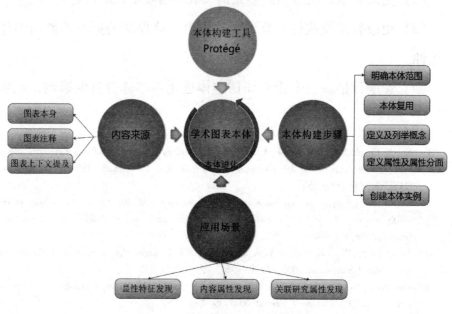

图 3-1　学术图表本体构建过程图

一、学术图表语义特征分析

不同于科技文献中的学术文本，学术图表具有独特的形式、逻辑内容、外部关联特征。这些特征导致当前学术图表在机器发现中弱语义表达的现状。

在形式方面，学术图表涵盖文本和图表视觉非文本两方面的形式，若要完整理解一张学术图表，要综合两种形式的内容。这意味着，学术图表的语义表达不能仅凭单一图表视觉对象识别或单一的图表文本描述来实现，而需要综合图表视觉和文本两方面信息。进一步对图表形式分析发现，图表这两方面形式表示均很复杂。图表的文本形式表现众多，其中标题、注释、上下文是最主要的三种文本形式。除此以外，图中的图例、表格文本内容也都属于文本形式。这些文本形式需要采取不同的抽取方法。图表视觉形式在不同领域更表现不一，有直方图、折线图、散点图等图形，有照片、成像图等图像，还有流程图、原理图等示意图型。

从逻辑内容看，学术文本可以基于文献构思线索、语篇功能单元划分或领域知识体系，利用词、句、上下文等特征，表示为不同的语义逻辑表达，例如研究背景、研究方法、研究主题等。而学术图表在逻辑内容表达上更为复杂。学术图表的逻辑内容包括图表类型、图表论证对象、图表论证维度、图表论证实验内容（如实验背景、实验目的、实验方法、实验结果、实验结论）、图表内部元素体现的特征（如对比、观察、流程、分布等）、图表外延关联（如同文图表、同证图表、同项目图表、同作者图表、同被引图表、同数据来源图表、同主题图表、引用文献、引用数据等）。这些逻辑内容通常在形式来源上不固定，而且具有交叉性。例如，图表类型主要来自图表视觉形式，但有时需要在图表描述文本中获得图表类型信息。又例如，图表论证对象和论证维度在不同场景下可能出现在图表标题文本、图表注释文本、表格的行列表头、图片的坐标轴信息中。图表逻辑内容表达上的复杂性意味着图表语义表达需要高度形式化，以此来揭示图表隐藏语义。

在语义关联方面，学术文本通过所在位置或文本语义和其他文本建立关联表达。而学术图表作为可以独立表示的学术对象，它和其他学术对象存在紧密的关联，不仅可以通过所在位置定位到图表所在的文献，还可以基于图表文本中的引用信息，关联到其他文献、补充数据集等学术对象。这些关联需要加以识别区分。

学术图表在形式、逻辑内容及语义关联方面的独有特征，导致现有的、成熟的学术文本语义表达的模型及实现方式不能直接应用于图表的语义表达，这也是目前图表在机器发现中弱语义表达的根源所在。为解决这个根源问题，本研究采用顶层形式化表示（本体）重新定义学术图表的语义表达。

二、学术图表语义增强标注的应用场景

通过分析学术图表独有特征，发现它属于一种富语义数字对象，这些丰富的语义内容在科技文献中发挥着不同的作用，科研人员会基于不同的需求，有重点地查看图表的各类语义内容。为构建实用化的学术图表形式表示，本研究构建学术图表形式表示如何应用于图表发现的场景。

科研人员在查看文献中的图表数据时，通常需要结合图表标题、图例、图注（包括图内和图后）、数据标签、图表的上下文解释来理解

图表内涵。此外，从图表数据中得出的关键推论有时不会在文本中明确地表述出来（因为人们可以很容易地从视觉上推断出来）。科研人员希望可以通过图表来访问图表的原始数据，能够检索到图表中隐藏的推论（例如数据趋势、特征点），基于主题检索找到含有相同研究结论、使用相同研究方法的其他数据或论文，抑或是根据图表中的某个数据参数来追踪后续研究。上述需求场景涉及学术图表的多个属性以及它与科学论文、科学数据集和科学研究的关联交互。

从科研人员利用学术图表的角度，定义了三种学术图表发现场景。

（1）基于学术图表简单属性的发现。学术图表的简单属性主要包括图表类型、图表元数据（如标题、关键词、上下文）等。科研人员可以基于这些特征缩小发现范围，查找特定类型、含特定关键词的学术图表。

（2）基于学术图表深度内容的发现。学术图表深度内容包含了表达科学知识的语义元素及逻辑关系，如图表对象、图表度量维度、图表实验信息（包括实验背景、实验目的、实验方法、实验结果、实验结论等）、图表内部元素体现的特征功能（如比较、关系、分布等）等。这些语义内容信息分散于图表不同形式中，需要借助人工或者机器学习技术，采用不同方法进行抽取、加工及标注。

（3）基于图表关联属性的发现扩展。学术图表与科研的上下文环境密切相关，它通过引用（文献或者数据集）、隶属关系（如图表隶属于某篇文章、某个研究）、位置（所处文章的语篇单元位置）等与其他类型的科学产出（如科学论文、科学数据集）建立关联。研究人员可以基于这些特征扩展检索范围，实现跨信息对象的知识发现。

应用场景揭示了图表潜在语义表达后能实现的图表发现情境。基于上述理解，本研究采用 Tbox 的本体模式，尝试将学术图表所包含的综合信息内容形式化，以此反映核心内容及其背景、语境信息、关联情况，方便知识的集成、推理和发现。

三、AFAT 本体的构建模式及过程

基于前文对学术图表独有特征的分析，本研究总结出学术图表的语义表示需要覆盖以下几方面的内容：图表视觉形式表示（如学术图表分类、图类型分类、图表类型代表的特征），图表文本（图表文本深度语义表示、图表元数据表示、图表对象、图表维度等），图表关联的其他对象及关联关系表示（如文献、补充数据、项目、人、各对象间关系）。

以上述内容为基础，本研究采用本体来对图表潜在语义内容实施形式化表示。该本体被称作 AFAT 本体。AFAT 本体重点关注图表语义内容的形式化表示，采用"Tbox—Abox—Tbox"的构建模式。具体而言，首先结合本体复用、本体参考、自我扩展等方式构建初始的学术图表本体（Tbox），随后将初始学术图表本体应用于本体实例标注任务中（Abox），基于标注实例对初始本体实施进化，得到进化后的 AFAT 本体（Tbox），在整个过程中需要实施本体对齐。其中"Abox—Tbox"环节属于本体进化，这部分内容将在本章第三节中详细阐述。

接下来介绍 AFAT 本体构建中的本体复用、本体参考、自我扩展、本体对齐等内容。

（一）AFAT 本体复用顶层本体

本体复用是本体构建时常用的方法。构建初始本体时，复用可以

提供一定的概念、关系的启示，同时可保证本体数据的规范性、系统性及权威性；在后期本体应用时，基于复用能够更快速地建立与其他本体的联系，扩大本体的应用范围。复用本体不仅是复用术语，更是为了和其他本体对齐，尤其是在跨本体的查询中，关联到相同逻辑的命名实体上，进而可以实现无缝逻辑转换。一般而言，可以被重用的外部本体是顶层本体或者领域本体。

通过第二章的文献调研发现，目前尚未有现成的学术图表应用本体，自建本体需要调研本体复用的可能性。鉴于学术图表属于科学研究领域，首先要调研科学研究的顶层本体。

从实际使用、领域范围和学术交流参考角度来看，构建学术图表本体时，可选择复用基本形式化本体（Basic Formal Ontology，BFO）①、建议上层共享知识本体（Suggested Upper Merged Ontology，SUMO）②、语言学与认知工程描述型本体（Descriptive Ontology for Linguistic and Cognitive Engineering，DOLCE）③、OpenCyc④ 以及语义科学集成本体（Semanticscience Integrated Ontology，SIO）⑤ 五个顶层本体。通过分析这五个本体，从中选择最适合学术图表发现应用的顶层本体。

BFO 是较早用于科学研究领域的顶层本体。它声明其主要用于支持科学研究领域内异构本体的集成。事实上，BFO 本体更多应用于生

---

① BFO-Basic Formal Ontology ［EB/OL］. ［2023-11-02］. http：//basic-formal-ontology. org/.

② Suggested Upper Merged Ontology（SUMO）［EB/OL］. ［2023-11-02］. http：//www. ad-ampease. org/OP/.

③ Masolo C，Borgo S，Gangemi A，et al. WonderWeb Deliverable D18 ［EB/OL］. ［2023-11-02］. http：//wonderweb. man. ac. uk/deliverables/documents/D18. pdf.

④ OpenCyc ［EB/OL］. ［2023-11-02］. http：//slor. sourceforge. net/e_ocyc. htm.

⑤ Dumontier M，Baker C J，Baran J，et al. The Semanticscience Integrated Ontology（SIO）for biomedical research and knowledge discovery ［J］. Journal of Biomedical Semantics，2014，5（1）：14.

物医学领域。BFO 虽提供科学调查参数和结果方面的形式化顶层，但不足以支持整个科学研究的全部内容。

DOLCE 和 SUMO 这两个本体由 BFO 发展而来。DOLCE 专注于语言和认知领域的顶层设计，并没有比 BFO 提供更多科学研究方面的本体支撑。SUMO 主要用于推动数据互操作、信息检索、自动推理及自然语言处理。为了使用哲学和语言学方面概念，其使用了 WordNet。借助 WordNet，SUMO 也被广泛运用于通信、地理、分布式计算、经济、金融、工程、政府等领域。

OpenCyc 是一个商业化的本体，面向泛在化知识体系，有着非常多的概念和断言定义。OpenCyc 是基于知识库的本体，但是由于其用 CycL 标准化语言进行表达，而其转换为 OWL 本体的过程并不顺利，这导致其转换后的推理能力受限。

SIO 提供了一个简单、集成的用于表述跨形式、跨过程以及跨信息实体的科学语义对象的上层本体。它区别于其他顶层本体的最大地方在于，它将科学对象和科学过程分开。基于此特征，不同领域对象、不同的科研对象、不同研究过程都集成在 SIO 本体内。因此，SIO 本体在科学研究领域内应用较多。如 Queral Rosinach. N 等采用 SIO 本体、美国国家癌症中心术语资源系统等进行基因疾病文献的语义标注，并发布了 94 万个描述规范的人类 DNA 科学陈述[①]。它也为 Bio2RDF（http：//bio2rdf. org）和 SADI（http：//sadiframework. org）项目提供词汇集。

从使用范围看，BFO 和 DOLCE 主要在生物医学领域和语言认知领

---

① 李楠，孙济庆，马卓. 面向学术文献的语义出版技术研究［J］. 出版科学，2015，23（006）：85-92.

域应用，而本研究设计的学术图表本体将应用于通用科学研究中，并关注跨形式、跨过程以及跨信息实体的互操作，面向异构信息对象检索。SIO 顶层本体集成了跨形式、跨过程以及跨信息实体的科学语义对象，包括科学数据、科学文档、图媒体类型、人、科学研究等对象定义，这与上文中分析的学术图表特征更相符。因此，选择 SIO 作为 AFAT 复用的顶层本体。

SIO 顶层本体包括 1396 个类、203 个对象属性、1 个数据属性。本研究的 AFAT 本体重点关注学术图表文本内容和图表视觉内容表示，以及图表和其他信息对象间关系，因此会部分复用与这些内容相关的类或关系。例如，复用 SIO_000472（scientific data）是因为学术图表属于科学数据的子类，因此复用这个类，并在其下新定义了 Academic-Figure-And-Table 子类。再如，复用 SIO_000080（figure）是由于其定义了图像类型，复用 SIO_000498（person）是因为学术图表关联的论文、项目等信息对象和人存在密切关系。又如 SIO_000222（is unit of）在 SIO 中定义为对象和对象间的整体—部分关系，该关系也存在于学术子图和学术复合图中，因此对其进行复用。此外，为保持 AFAT 本体和 SIO 顶层本体的一致性，不仅复用相关所需的类和关系，同时也复用这些类及关系的上位类，比如 SIO_000015（information content entity）、SIO_000776（object）、SIO_000008（has attribute）等。

本研究共复用了 SIO 本体类及子类 45 个，部分复用可见表 3-2 所示。

表 3-2　AFAT 本体中复用 SIO 本体类

类	子类	子类	子类	子类	子类
SIO_000000 (entity)	SIO_000614 (attribute)	SIO_000005 (quality)	SIO_000436 (informational quality)	—	—
			SIO_000027 (process quality)	SIO_000033 (process status)	—
	SIO_000776 (object)	SIO_000015 (information content entity)	SIO_000602 (computational entity)	SIO_000069 (data item)	SIO_000472 (scientific data)
			SIO_001194 (media)	SIO_000080 (figure)	—
		SIO_001353 (specialized object)	SIO_000498 (person)	SIO_000406 (academic)	—
	SIO_000006 (process)	—	—	—	—

表 3-3 展示了 AFAT 本体中复用的 11 个 SIO 本体关系属性及子属性。

表 3-3　AFAT 本体中复用 SIO 本体关系属性

关系属性	关系子属性	关系子属性	关系子属性
SIO_000001 (is related to)	SIO_000008 (has attribute)	SIO_000059 (has member)	—
		SIO_000223 (has property)	SIO_000217 (has quality)
		SIO_000221 (has unit)	
	SIO_000011 (is attribute of)	SIO_000095 (is member of)	—
		SIO_000224 (is property of)	SIO_000218 (is quality of)
		SIO_000222 (is unit of)	—

（二）AFAT 复用其他本体

除了 SIO 顶层本体之外，本研究还复用了现有通用的本体模型或描述规范，如简单知识组织系统（Simple Knowledge Organization System，SKOS）和都柏林核心元数据倡议（Dublin Core Metadata Initiative，DCMI）。

SKOS 是以资源描述框架（RDF）为基础，用来描述受控词表的基本结构和概念的标准语言①。受控词表可通过 SKOS 资源描述框架转换为与 RDF、OWL 兼容的概念模型，实现语义化的信息资源共享。在 AFAT 本体内，部分类下存在规范化的概念对象，例如学术图表所处论文篇章单元（functional_discourse_elements）类下，需要定义 article–method、article–result 等规范化概念实例。利用 SKOS 的灵活性的这一特性，复用 skos：Concept 来将 article-method，article-result 这些受控词汇以 skos：Concept 实例的形式进行定义，同时它们也作为 functional_discourse_elements 的实例，这样既能够保证概念的形式化，也可以灵活地建立起概念之间的关联。

DCMI 是用于描述对象元数据的组织框架。依据学术图表的独有特征，可以确定 AFAT 本体内将包含图表、论文、机构、人、项目等对象，这些对象需要元数据内容对其进行丰富描述，例如图表标题（title）需要描述，论文或项目主题（subject）需要描述，图表上下文文本（text description）也需要描述。因此在数据属性中分别复用了 dc：title 、dc：subject、dc：description 等 DCMI 框架内容。DCMI 的复用主要体现在 AFAT 本体的数据属性和注释属性中，根据 AFAT 本体描述需要，本研究还在部分 DCMI 数据属性下自定义了子属性。

表3-4 展示了 AFAT 本体中复用的 SKOS 和 DCMI 内容。

---

① 夏立新，郑路，张玉晨，等. 基于 SKOS 的学术期刊文本资源多粒度语义标注方法研究［J］. 图书情报工作，2018，62（9）：123-133.

表 3-4 AFAT 本体中复用的 SKOS 和 DCMI 字段

SKOS 复用	skos：Concept skos：preferred label
DCMI 复用	dc：date dc：language dc：subject dc：title dcterms：alternativeName dc：description dc：format dc：identifier

除 SKOS、DCMI 外，学术图表本体还借用了 OWL、RDF、XSD、RDFS 等基础框架定义，这些都是本体构建时的必要定义内容。图 3-2 展示了 AFAT 本体所复用的全部本体及框架的命名空间（preamble）。

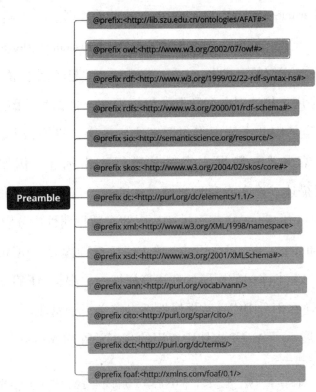

图 3-2 AFAT 本体的命名空间定义

（三）AFAT 本体参考其他本体或模型

学术图表是论文内容的一部分，AFAT 本体需要对图表所处论文篇章位置进行语义表示，因此在构建学术图表本体过程中，本研究参考 DOCO、DEO、AMO 本体[①]、SPAR 本体（Semantic Publishing and Referencing Ontologies）[②]、科技文献功能单元本体[③]等文献本体的篇章结构、文章组件或文献功能单元的概念定义，自定义了论文篇章单（functional_discourse_elements）类。

AFAT 本体参考了研究社区语义网本体（Semantic Web for Research Communities，SWRC Ontology）中的机构分类、科学文档分类及描述，根据科学论文、学者、项目、基金等科研实体所关联的机构类型，自定义了 organization 类及 6 个子类。此外还根据主流的学术成果文档类型自定义 document 类及 12 个子类。

（四）AFAT 本体自我扩展类、属性及关系

对于部分未在现有本体或组织框架中定义的图表独有特征内容，本研究通过自我扩展方式对其进行形式化定义。

本体内的自我扩展分为两类。第一类自我扩展是在已复用类下定义子类或定义兄弟类。这类扩展通常是由于已有对象属于新归纳类的上位概念，又或者是已有概念不能完全覆盖学术图表特征。例如，Academic_Figure_And_Table 在逻辑上属于科学数据的一类，而 SIO 本体仅定义到 SIO_000472（scientific data），因此在其下自定义了 Academic_

---

① The Argument Model Ontology. ［EB/OL］. ［2019-05-02］. https：//sparontologies. github. io/amo/current/amo. html.

② SPAR Ontologies ［EB/OL］. ［2019-05-02］. http：//www. sparontologies. net/.

③ 王晓光，李梦琳，宋宁远. 科学论文功能单元本体设计与标引应用实验 ［J］. 中国图书馆学报，2018（4）：73-88.

Figure_And_Table 等 6 个子类。第二类自我扩展针对的是未有先例的对象，这类扩展需要结合对象特征，在合适的类目、关系、属性中进行新定义。例如，图表对象和图表维度的逻辑内容特征，在相关本体内未能发现类似内容，因此根据对象和维度的内涵，将它们定义为学术图表的数据属性内容。

尽管 SIO 顶层本体中定义了 203 个关系（对象属性），但其中多数关系并不适用于学术图表的语义关系表示，因此除复用少量关系外，AFAT 本体内关系的自我扩展较多。

（五）AFAT 本体的本体集成与对齐

本体集成指的是当某一本体任务（构建、维护或者应用）中应用到多个本体，而这些本体之间存在多方面的不一致（也称为本体异质）时，为了使得这些异质本体能够交互，在这些本体间建立映射，以达到本体对齐（ontology alignment）或本体合并①。

在 AFAT 本体构建过程中，应用了 SIO、SKOS、DCMI 等多个本体，需要检测这些本体是否存在冲突，是否实现了本体对齐。

本研究在 Protégé 软件中，利用推理机 Racer 或 FaCT++ 来检测本体一致性，发现 SIO 顶层本体、SKOS、DCMI 和 AFAT 本体不存在冲突。

在不同本体的对齐方面，AFAT 本体通过直接复用实现本体对齐。AFAT 本体中直接复用 SIO 本体中的类及其上位类，因此，AFAT 本体和 SIO 本体的对齐可直接通过同样的类定义实现，例如，AFAT 本体中的 SIO_000472（scientific data）等同于 SIO 本体中的 SIO_000472。SKOS、DCMI 同样借助直接复用实现概念、数据属性或注释属性的对齐。

---

① 于娟，党延忠. 本体集成研究综述 [J]. 计算机科学，2008（07）：9–13.

四、AFAT 本体整体框架

本研究所构建的学术图表本体一共包含 141 个类，65 个关系属性，53 个数据属性，9 个注释属性，定义了 175 个实例数据，其中 84 个为 skos：concept 下的概念实例。本体类目的最大深度为 11 层。本体的整体统计情况如图 3-3 所示。

Metrics	
Axiom	3911
Logical axiom count	949
Declaration axioms count	440
Class count	141
Object property count	65
Data property count	53
Individual count	175
Annotation Property count	9
Class axioms	
SubClassOf	216
EquivalentClasses	2
DisjointClasses	1
GCI count	0
Hidden GCI Count	2
Object property axioms	
SubObjectPropertyOf	64
EquivalentObjectProperties	0
InverseObjectProperties	31
DisjointObjectProperties	0
FunctionalObjectProperty	0
InverseFunctionalObjectProperty	0
TransitiveObjectProperty	3
SymmetricObjectProperty	1
AsymmetricObjectProperty	0
ReflexiveObjectProperty	0
IrreflexiveObjectProperty	0
ObjectPropertyDomain	20
ObjectPropertyRange	22
SubPropertyChainOf	0
Data property axioms	
SubDataPropertyOf	38
EquivalentDataProperties	0
DisjointDataProperties	0
FunctionalDataProperty	0
DataPropertyDomain	1
DataPropertyRange	10
Individual axioms	
ClassAssertion	278
ObjectPropertyAssertion	138
DataPropertyAssertion	120
NegativeObjectPropertyAssertion	0

图 3-3 AFAT 本体的整体统计

图 3-4 展示了 AFAT 本体中最核心的类、子类、关系属性、数据属性等。

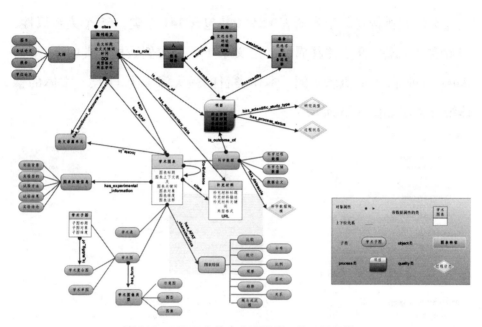

图 3-4 AFAT 本体中主要的类、关系及属性

五、AFAT 本体的核心类定义

AFAT 本体的概念来源于两个方面。其一，是从已有本体中发现概念，并复用相关概念，前文对此已进行了阐述。其二，是基于知识的总结和抽象化。本研究采用人工标注的方法，边标注边总结，边归纳边组织，以此概括学术图表的概念、关系及属性。本部分将对 AFAT 本体中核心概念类及其层次关系、数据属性、关系属性等进行说明。完整的 AFAT 本体类、子类、数据属性、关系属性、来源等内容参见附录。

（一）学术图表（Academic_Figure_And_Table）

学术图表是位于科学文献的语篇功能单元中的一类科学数据。学术图表分为学术图、学术表两大类。学术图又可以细分为学术单图、学术复合图、学术子图三个子类，其中学术复合图是由两个以上学术子图复合而成的。通过引用其他论文以及自身论文中的补充数据材料，学术图表可与其他信息实体建立相关关系。此外，多个学术图表之间存在同证关系，即它们共同佐证或者解释了某个结论或结果。表3-5展示了学术图表概念的层级关系、数据属性及关系属性。

表 3-5　学术图表概念的属性及关系

Class	Academic_Figure_And_Table
IRI	http：//lib. szu. edu. cn/ ontologies /AFAT#Academic_Figure_And_Table
Equivalent to	scientific data and（*is_ATAF_of* only document）
Subclass of	scientific data *is_ATAF_of* only document *locate_in*only functional_discourse_elements *has_AFAT_characteristics* some AFAT_characteristics *has_experimental_information* some AFAT_experimental_information *cites* some（document or supplymentary _data）
Subclass	academic_figure（academic_multiple_figures；academic_single_figure；academic_subfigure）；academic_table
Data properties	AFAT_Title；AFAT_annotation；AFAT_mention；AFAT_object；AFAT_measure
inheritance	*has_datascale* only scientific_data_scale *is_outcome_of* some（person or organization or scientific_study）

借助 Protégé 的可视化工具 Ontograh，图 3-5 展示了学术图表概念的本体关系图。

从表3-5可以看出，学术图表有图表标题、图表注释、图表上下文提及、图表对象及图表度量等数据属性。图表注释是指图表内、图表下、图表侧对图表进行说明解释的附注内容。在本研究的数据属性中，将图表注释分为整图注、图元注。整图注是指图表下方对图表进

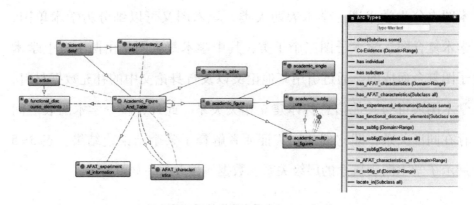

图3-5　学术图表概念的本体关系图

行整体说明的附注内容，图元注则是图表内部的注释，例如图例、复合图的子图编号、引线标注、分散标注等。对图表注释内容进行分类的目的在于，后续抽取图表内容时，能将附注内容进行分类处理。图表对象是指学术图表所研究或描述的内容主体，图表子对象是图表对象的子类，常见于复合图以及表格中，它是对图表对象的细粒度描述。图表度量是学术图表对象的描述维度，度量子维度是图表度量的子类，其和图表子对象共同组成子图表的简要描述。

（二）媒体类型（figure）

学术图有不同的媒体类型表现。SIO 本体对媒体进行了分类，分别是视频、音频、幻灯片、文件、图表等类型。本研究复用 SIO 本体中的 figure 概念，将学术图像细分为图型、图像、示意图三大类型。图型是基于数值数据或可统计数据构建的图类型，本研究基于图的外观相似度以及图构建的意义，将图型分类为条形图（水平条形图、垂直条形图、多组条形图、跨度图、子弹图、堆叠式条形图、不等宽柱状图），直方图（包含直方图、密度图、人口金字塔图），线状图（包含折线图、时频图、面积图、堆叠式面积图、量化波形图、蜡烛图、美国线图等），散点图（包含散点图、气泡图、曼哈顿图、主成分分析图），箱形图，热力图，甘特图，雷达图，地图（包含点示地图、流向地图、地区分布图），饼形图（包含饼图、圆环图、南丁格尔玫瑰图、旭日图），点阵图表，树形图（包含树形结构图、系统发育树图），网络图（包含网络图、弦图、非彩带弦图、弧线图、单倍体网络图），文氏图等。示意图是研究人员对事物理解后重新构建的图类型，包括流程图、层级图、原理解释图、序列图、桑基图、字云图等。图像是基于机器视觉采集到的图类型，包括凝胶图、成像图、照片等子类。图3-6展示了学术图的子类。

（三）图表实验信息（AFAT_experimental_information）

通过对学术图表的形式和内容结构分析发现，与科技文献的语篇单元类似，学术图表的文本增强内容同样具有语用、论证方面的功能。在 AFAT 本体中，将此部分内容归纳为学术图表实验信息这一概念。

在科技文献的论证过程中，需要多个科学实验或者观察、模拟等过程来支持论证。而每个科学实验或观察都需要相关数据支持，这些数据会通过一个或者多个图表进行展示。图表实验信息是指实验数据所代表的数据产生背景、数据方法、数据处理过程、突出的数据结果以及数据所支撑的实验结论。图表实验信息以文本的方式描述于图表的注释说明、上下文提及内容中。

在 AFAT 本体内，将图表实验信息分为实验目的、实验背景、实验方法及过程、实验结果、实验结论五大类。

实验目的是学术图表所述实验的目的及要求。实验背景是学术图表所述实验的背景信息，如前人研究结果、实验实施环境等。实验方

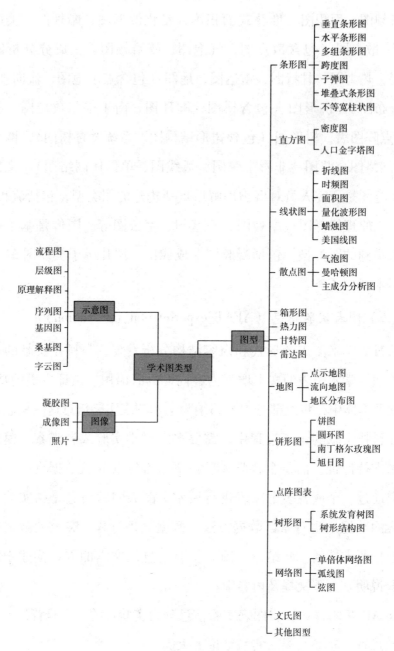

图 3-6 学术图的类型分类

法及过程是学术图表所述实验所采取的方法及实验操作过程，包括实验技术、实验时长、实验试剂、实验设备、实验步骤、实验对照等等。实验结果是基于图表中数值、特征等进行客观事实描述的信息内容，图表结果不仅支撑学术图表的图表功能特征，还能基于事实数据支撑图表实验结论。实验结论是学术图表支撑的论点，它是在对于图表结果进行分析或综合其他研究后得到的观点内容，通常是断言性质的内容。

表3-6 展示了图表实验信息概念的层级关系、数据属性及关系属性。

表3-6 图表实验信息概念的属性与关系

Class	AFAT_experimental_information
IRI	http：//lib. szu. edu. cn/ontologies/AFAT# AFAT_experimental_information
Subclass of	text_entity *is_experimental_information_of* some（academic_multiple_figures or academic_single_figure or academic_table）
Subclass	experiment_background；experiment_conclusion；experiment_method&processs；experiment_purpose；experiment_result
Data properties	dc：description

图表实验信息概念的本体关系如图3-7所示。

（四）图表特征（AFAT_characteristics）

图表特征是研究人员利用不同类型图表展示内容所期望达成的目的，同时也代表了不同图表类型的视觉功能，属于图表媒体类型的特征属性。图表相较于文本在可视化方面更加易于理解，其根源就是图表本身的特征。本研究将图表功能特征分为比较、关系、分布、统计、比例、趋势、观察、概念或流程、层次九大类。

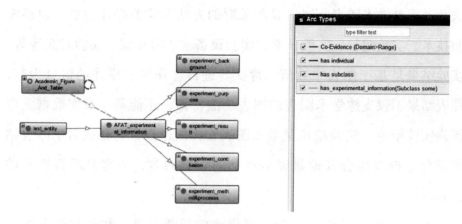

图 3-7　图表实验信息概念的本体关系

　　比较特征是学术图表最常见的功能特征，主要体现多个图表对象之间或图表对象和其他对象间的比较分析，以凸显某类特征，常见的对比有度量上的大于、小于、等于，形态上的高、矮，时间上的快、慢等。关系特征则突出图表数据之间的关系，或者显示两个或多个变量之间的相关性，例如正相关、负相关、关系关联等。分布特征是图表中数据频率及数据在某时间段内的分布或分组状况，例如集中分布、分散分布、分组分布等。统计特征是图表对象在标尺上下限之间的变化特点，常见的有最大值、最小值、中位数等。比例特征是图表中使用大小或面积显示数值彼此之间或与整体之间的异同，例如百分占比。趋势特征是图表对象基于一定条件表现出的趋势或变化特征，例如上升、下降、浮动、不变等。观察特征主要体现图表对象的非数值特征形式，例如颜色、形态等。概念或流程特征主要指图表解释某概念、某流程及方法、某运作模式、转移过程等方面内容。层次特征则显示图表对象在组织或系统中如何排列和排序的特征。图表特征概念的层级关系、数据属性及关系属性见表 3-7。图表特征概念相关关系如图

3-8 所示。

表 3-7 图表特征概念的属性与关系

Class	AFAT_characteristics
IRI	http：//lib. szu. edu. cn/ontologies/AFAT# AFAT_characteristics
Subclass of	informational quality *is_AFAT_characteristics_of* some（academic_multiple_figures or academic_single_figure or academic_table）
Subclass	comparison；concept_or_process；correlation；distribution；hierarchy；observation；proportion；statistics；tendecy
inheritance	*is quality of* some entity *is quality of* some information content entity

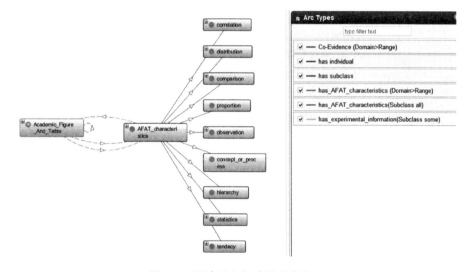

图 3-8 图表特征概念的本体关系

图表特征和图表类型存在着一定的多对多对应关系。基于图表本身用途，并结合实际标注过程中所获得的相关信息，表 3-8 从特征角度分析了不同图表类型可用于表达何种特征。

表 3-8 图表特征对应图表类型

特征	图像类型
趋势	折线图、气泡图、箱形图、甘特图、热力图、直方图、面积图、南丁格尔玫瑰图、堆积图、量化波形图
比例	部分对整体的比例:圆环图、饼图、桑基图、不等宽柱状图、树形结构图、散点图 数值之间的比例:气泡图、气泡地图、点阵图表、南丁格尔玫瑰图、比例面积图、堆叠式条形图、字云图
比较	使用轴:表格、条形图、箱形图、气泡图、子弹图、直方图、折线图(组合)、不等宽柱状图、多组条形图、南丁格尔玫瑰图、雷达图、径向条形图、径向柱图、跨度图、堆叠式面积图、堆叠式条形图 不使用轴:弦图、地区分布图、圆环图、点阵图表、热力图、饼形图、比例面积图、树形结构图、文氏图、曼哈顿图、主成分分析图、照片、凝胶图、成像图、系统发育树图
关系	用于显示关系:热力图(矩阵)、不等宽柱状图、平行坐标图、雷达图、文氏图、弧线图、脑力激荡图、弦图、非彩带弦图、连接地图、网络图、树形图 用于查找相关性:气泡图、散点图、热力图、曼哈顿图、主成分分析图、照片、凝胶图、成像图、系统发育树图
概念或流程	文氏图、流程图、说明图、桑基图、甘特图、平行集合图、连接地图、流向地图、桑基图、照片、凝胶图、成像图
分布	箱形图、气泡图、密度图、点阵图表、直方图、多组条形图、点示地图、连接地图、流向地图、人口金字塔、字云图、照片、凝胶图、成像图、热力图、散点图
统计	表格、箱形图、直方图、误差线、甘特图、蜡烛图、子弹图、卡吉图、美国线、跨度图、饼形图
层次	圆堆积、树形图、树形结构图、旭日图、系统发育树图
观察	照片、凝胶图、成像图

(五) 期刊论文（article）

科技文献包括期刊论文、会议论文、学位论文、网络文献等子类型，在本研究中，科技文献聚焦于期刊论文（article）这一类型。

期刊论文文本内容具有一定的规范性，有着严密的内部逻辑结构，这些特性主要通过章节结构进行体现，而章节都具备特定的功能。这些内容在不同的研究中称谓不一，如论文功能性语篇元素、论文功能单元、论文核心信息①、论文篇章结构②等。无论是何种命名，这些结构信息均是对期刊论文中的核心研究内容进行语用、论证角度的建模。本研究将这部分内容命名为论文语篇单元。同时，综合上文对文献本体的调研，笔者发现，当面向不同的标注需求时，期刊论文的内容建模的类别粒度也不一样。例如，Harmsze 模型采取 6 模块划分③，而 AZ-II 模型细分为 15 个类别④。

AFAT 本体将学术图表作为独立研究对象，关注学术图表所在的篇章及篇章整体的语篇功能。因此，为保持论文语篇单元间逻辑密切相关，语义相互独立，同时避免模型类别本身概念接近或有交叉，进而造成一个语篇元素可对应多个类别标签，本研究选择以粗粒度方式对论文语篇单元进行描述。期刊论文语篇单元包括论文背景、论文方法、论文结果、论文讨论、论文结论五大部分。表 3-9 展示了期刊论文概念的层级关系、数据属性及关系属性。

表 3-9　期刊论文概念的属性及关系

Class	article
IRI	http://lib. szu. edu. cn/ontologies/AFAT#article

---

① Soldatova L，Liakata M. An ontology methodology and cisp-the proposed core information about scientific papers. [EB/OL]. [2023 -05-02]. https：//www. aber. ac. uk/en/media/departmental/impacs/computerscience/pdfs/ReportCISPshort. pdf.

② 薛家秀，欧石燕. 科学论文篇章结构建模与解析研究进展 [J]. 图书与情报，2019 (2)：120-132.

③ Harmsze F A P. A modular structure for scientific articles in an electronic environment [D]. Amsterdam：University of Amsterdam，2000.

④ Teufel S，Siddharthan A，Batchelor C. Towards discipline-independent argumentative zoning：evidence from chemistry and computational linguistics [C] //Proceedings of the 2009 Conference on Empirical Methods in Natural Language Processing：Volume 3-Volume 3. Association for Computational Linguistics，2009：1493-1502.

续表

Class	article
Subclass of	document *has_functional_discourse_elements* some functional_discourse_elements *cites*some (document or scientific data)
Data properties	article_title; article_keyword; dc：date; DOI; dc：format; dc：subject
inheritance	*has_role*only person *is_outcome_of* some (person or organization or scientific_study)

图 3-9 展示了期刊论文的上下位类关系及相关关系。

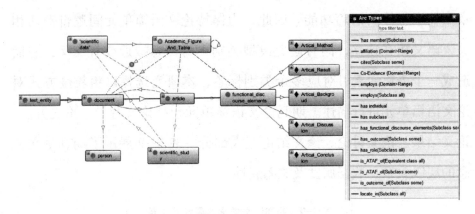

图 3-9   期刊论文概念的本体关系

（六）科学数据（scientific data）

科学数据是科学研究及研究过程中，利用科学方法并借助仪器设备所产生的一类数据对象，它是一个信息实体。科学数据是其他研究者进行重复实验、模拟出相同结果的重要支撑。在实验科学领域，科学数据包括重复实验的所有信息以及实验的结果。在数据驱动科学范畴内，科学数据包括数据采集方法、分析过程数据、最终结果数据。而在计算科学中，科学数据则包括计算结果的程序、程序参数和计算结果。

科学数据是科学研究的产出之一，根据生命周期流程，分为不同的类型，包括原始科学数据、科学过程数据、科学数据仓储、数据论文、补充数据以及学术图表。科学数据具有不同的数据规模属性，如数据仓储、数据系列、数据组、数据集、数据单元（或数据片段）等。表3-10展示了科学数据概念的层级关系、数据属性及关系属性。

表3-10 科学数据概念的属性及关系

Class	scientific data
IRI	http://semanticscience.org/resource/SIO_000472
Subclass of	data item *has_datascale* only scientific_data_scale *is_outcome_of* some（person or organization or scientific_study）
Subclass	Academic_Figure_And_Table；data_paper；raw_scientifc_data；scientific_process_data；scientific_store_data；supplymentary_data

图3-10展示了科学数据概念的本体关系。

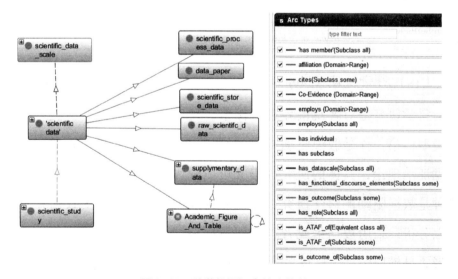

图3-10 科学数据概念的本体关系

（七）补充数据材料（supplymentary_data）

补充数据材料是一类科学数据，它是在论文中对研究方法、研究结果等起到补充说明作用的信息或数据，通常和论文正文分开。一方面，补充数据材料与文献中学术图表存在着紧密相关关系，可以提供更多详细的图表信息；另一方面，补充数据材料可能就是科学研究的原始数据，以链接方式提供访问。表3-11展示了补充数据材料概念的层级关系、数据属性及关系属性。

表3-11　补充数据材料概念的属性及关系

Class	supplymentary_data
IRI	http：//lib. szu. edu. cn/ontologies/AFAT#supplymentary_data
Subclass of	scientific data *has_datascale* only scientific_data_scale *is_outcome_of* some（person or organization or scientific_study）
Data properties	supplymentary_data_title；dc：format；dc：description；URL
inheritance	*has_datascale* only scientific_data_scale *is_outcome_of* some（person or organization or scientific_study）

（八）科研项目（project）

科学研究是对客观世界进行探索、发现的过程。科学研究有不同的类型，第一种是假说驱动的科学研究，该过程包括提出假说和收集数据证伪理论，具体的研究过程又可以分为观察、测量以及实验；第二种是数据驱动的科学研究，也被称为发现科学，即收集数据并对其加以分析，采用数据集或者与其他数据相结合的展示模式，其最主要的形式是模拟仿真。科技文献、科学数据都是科学研究的产出。

科研项目是受到相关基金资助的科学研究。它有起始时间、结束时间、研究标题、学科领域等数据属性。作为一种过程实体，科研项目存在不同的流程状态，例如启动、正在进行、已结束等。表 3-12 展示了科研项目概念的层级关系、数据属性及关系属性。

表 3-12　项目概念的属性及关系

Class	project
IRI	http://lib. szu. edu. cn/ontologies/AFAT#project
Subclass of	scientific_study *has member* only person *financed By* some（person or organization or funding） *has_outcome* some（scientific data or document） *has_project_status* only project_status
Data properties	study_title；start_time；end_time；dc：subject
inheritance	*has_scientific_study_type* only scientific_study_type

（九）专指对象（specialized object）

专指对象是指具有特定含义的一类实体。AFAT 本体中定义了三类专指对象，分别是基金、人、机构。

基金由相关机构设立，并资助科研项目以推动科学研究。它有所属国家、优选名称、备选名称等数据属性。表 3-13 展示了基金概念的层级关系，数据属性及关系属性。

表 3-13　基金概念的属性及关系

Class	funding
IRI	http://lib. szu. edu. cn/ontologies/AFAT#funding
Subclass of	specialized object *finances* some project *established By* some organization
Data properties	skos：preferred label；dcterms；alternative Name；country

　　机构具有优选名称、地址、邮编、网址等数据属性，包含大学、研究机构、政府机关、协会、企业、部门等子类。表 3-14 展示了机构概念的层级关系、数据属性及关系属性。

表 3-14　机构概念的属性及关系

Class	organization
IRI	http://lib. szu. edu. cn/ontologies/AFAT#organization
Subclass of	specialized object *employs*only person
Data properties	skos：preferred label；address；postal_code；URL
Subclass	university；research_Institute；government_organization；enterprise；department；association

　　本体还定义科研学术过程中的角色实体——人，包括姓名、邮箱等数据属性，同时定义了作者、评审者、编辑者等"人"的子类。表 3-15 展示了人概念的层级关系、数据属性及关系属性。

表 3-15　人概念的属性及关系

Class	person
IRI	http://lib. szu. edu. cn/ontologies/AFAT#project
Subclass of	specialized object
Data properties	name；email
Subclass	author；editor；reviewer

　　图 3-11 展示了 AFAT 本体内专指对象和其他本体概念间的关系。

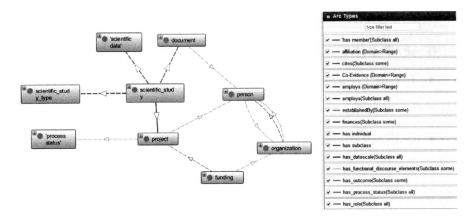

图 3-11　专指对象的本体关系

（十）内在属性（Quality）

内在属性用于描述实体的固有特征内容。本研究在本体内分别为部分对象及过程定义了信息特性和过程特性两类特征。针对科学数据、学术图表、科学研究，定义了部分固有特征，分别是科学数据规模、图表特征、科学研究类型，复用了项目流程状态特征。图 3-12 展示了 AFAT 本体中内在属性概念的关系。

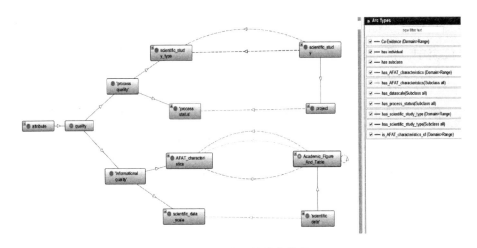

图 3-12　内在属性的本体关系

（十一）AFAT 本体类目的层级关系

在 AFAT 本体中，类目间的层次关系包括：

- 上下位（is a）：例如，直方图是学术图表的一种媒体类型，模拟仿真是一种科学研究。

- 并列：论文目标和论文方法都是科技文献语篇单元。

- 实例（instance of）：例如 10.1038/srep23719 是 DOI 的一个实例。

本体层次关系的定义有 3 种方法：（1）自上向下法。先定义领域中综合的、概括性的概念，然后逐步细化、说明。（2）自下向上法。先定义具体的、特殊的概念，然后把这些概念泛化成综合性的概念。（3）混合法。混合使用自上向下法与自下向上法，先确立显性概念，然后分别向上泛化与向下细化。这 3 种方法各有利弊，混合法比较适合本研究本体的设计过程。

本研究首先通过复用顶层本体，采用自上而下的方式，确定部分类目框架。如基于顶层本体，本研究定义的多数概念均属于 thing 下面的 entity，然后根据 object、quality、process 三个分类，将概念对应到其下位类中。例如，科学研究是 process 的子类。随后，采用自下而上的方法，对具体的一些概念进行归类总结，并选择合适的上位类将其归入。例如，对于直方图、照片等概念，将其总结为媒体类型的子类。

在 Protégé 软件中，利用 class 添加各种类目，通过 add subclass 建立子类目，利用 add sibling class 来构建并列类目。具体的操作界面如图 3-13 所示。

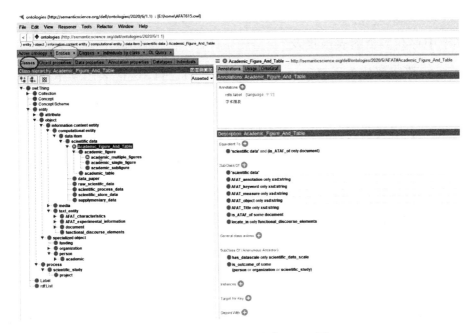

图 3-13　Protégé 构建类目展示图

六、AFAT 本体属性定义

仅仅定义类及类的等级关系，还不足以确切地描述学术图表，还需要定义属性及属性分面，以此来完善类目关系及建立公理。

属性指的是一种二元关系，其主要存在于实例和实例之间。OWL本体中的属性分为三类，分别是对象属性、数据属性和注释属性。

（一）对象属性

对象属性即关系，是建立实例和实例之间联系的桥梁。AFAT 本体以顶层本体 SIO 中的"is related to"顶层属性为基础，复用 SIO 的 11个对象属性，同时自定义了 53 个对象属性，例如：

● 同证关系（Co-Evidence）：共同支撑某个论点或者上下文内容

的图表之间存在同证关系。这种关系体现为在段落文本或者图表注释文本中存在多个图表被提及。

- 整体部分关系（is unit of）：子属性 is_ATAF_of 表示学术图表属于某一篇科技文献；子属性 is_subfig_of 表示学术子图表属于复合图表。
- 引用关系（cites）：图表提及文本中有时会引用其他的文献或者引用补充数据材料，引用文献和补充材料的目的包括和其他研究的对比（一致或者不一致）、利用其他研究来支持说明本研究（两方数据共同支撑某个结论）、解释图表中对象功能、借鉴引用文献中的方法或者实践等。

在对象属性的定义过程中，存在三种 Owl 的约束（restriction），分别是计量约束（Quantifier Restrictions）、基数约束（Cardinality Restrictions）和赋值约束（hasValue Restrictions）。约束所描述的是一个佚名的类，这个类包含的个体满足这个约束。当约束描述一个类的时候，它事实上也描述了（限定）这个类的超类。

例如，对象属性可以作为类的一个限定条件来使用，常用于等同类目（equivalent to）以及 subclass of 中。例如，"学术图表"利用对象属性限定了其是 thing（is_ATAF_of only scientific document）的子类，这也就意味着 is_ATAF_of only scientific document 是 data_in_scientific_document 的必要条件。又例如 Multiple_figures EquivalentTo academic_figure and（has_subfig min 2 academic_subfigure）。固然可以在本体中借助 Owl 的约束，用对象属性将类之间的相互关系进行描述，但为了本体的灵活性以及推理的稳定性，在本研究的本体中，仅将部分显性、确定的类间关系进行了定义，而大部分的属性则在两个实例的相互关系中进行应用。

表 3-16 展示了 AFAT 本体中的主要对象属性及其值域约束等信息。

表 3-16　AFAT 本体的对象属性及值域约束

对象属性	Domain	Range	Inverse of	说明
cites	document or scientific data or person	document or scientific data	*citedBy*	引用关系
employs	organization	person	*affiliation*	雇佣关系
finances	funding or person or organization	project or person	*financedBy*	资助关系
has_AFAT_characteristics	Academic _ Figure _ And_Table	AFAT _ characteristics	*is _ AFAT _ characteristics _of*	图表特征关系
has_subfig	academic _ multiple _figures	academic_subfigure	*is_subfig_of*	子图关系
has_supplymentary_data		supplymentary_data	*is_supplymentary_ data_of*	补充材料关系
has_form	academic_figure	figure	*is_ form_of*	图类型关系
has_outcome	person or organization or scientific_study	document or scientific data	*is_outcome _of*	研究产出关系

对象属性有自己的特征，包括继承、函数、传递、对称、反对称性、自反性、反自反性。例如，"is unit of"具有传递性特征，若 A is unit of B，且 B is unit of C，即可推理得到 A is unit of C。

图 3-14 展示了 Protégé 中构建 AFAT 本体对象属性。

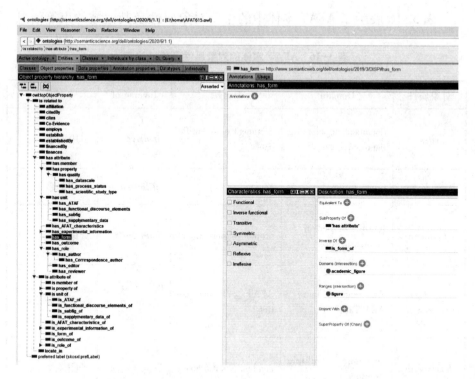

图 3-14　Protégé 构建 AFAT 本体对象属性展示图

（二）数据属性

在 Protégé 中，数据属性主要用于描述实例和实例数值之间的关系，其作用是连接一个实例和一个 XML Schema 数据类型值（XML Schema Datatype value）或 RDF 描述（RDF literal）。学术图表本体内，数据属性主要用于描述类的基本信息，其取值为 XML Schema 数据类型值（XML Schema Datatype value）或 RDF 描述（RDF literal）。

AFAT 本体定义了 15 大类共计 53 个数据属性，包括地址（address）、时间（dc：date）、描述（dc：description）、类型（dc：format）、标识符（dc：identifier）、语言（dc：language）、学科（dc：subject）、标题（dc：title）、邮件（email）、关键词（keyword）、姓名（name）、邮编（postal_

code）、优选名称（skos：preferred label）、备选名称（dcterms：alterna-
tiveName）、版本（Version）。其中，时间、描述、类型、标识符、语言、
学科、标题、备选名称复用自 DCMI，优选名称复用自 SKOS 框架。

为了增强语义和逻辑严谨性，可对对象属性和数据属性的值域和
定义域的取值作更详尽的约束限定，如图 3-15 所示。

表 3-17 展示了 AFAT 本体内主要概念的数据属性。

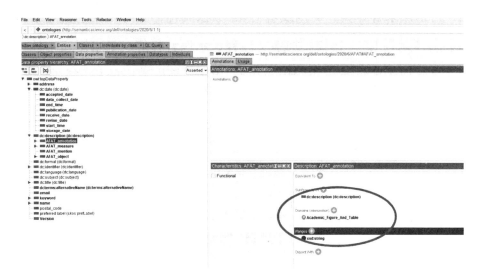

图 3-15 Protégé 构建 AFAT 本体数据属性展示图

表 3-17 AFAT 本体内主要概念的数据属性

概念类目	数据属性
学术图表	图表标题、图表上下文提及、图表注释、图表对象、图表维度等
学术子图	子图标题、子图注释、子图对象、子图维度等
期刊论文	论文标题、论文关键词、出版时间、DOI、格式、学科等
补充数据	补充数据标题、补充数据描述、格式、URL 等
项目	项目标题、开始时间、结束时间、学科等
机构	优选名称、地址、邮编、URL 等

续表

概念类目	数据属性
基金	优选名称、备选名称、国家等
人	姓名、邮件等

（三）注释属性

注释属性（Annotation properties）属于元数据，是描述数据的数据，可以用来解释类、实例或者对象/数据属性，并可以往它们当中添加信息（元数据）。例如添加中文注释、示例解释等。学术图表本体内的注释属性主要继承了 DCMI、OWL、RDFs 等模型中的相关字段。注释属性列表如图 3-16 所示。

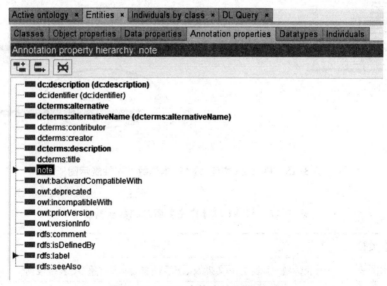

图 3-16　FAT 本体内注释属性图

七、AFAT 本体的实例定义

在 Protégé 工具中，通过创建实例的操作，可以为类、属性增加实例，而这些实例最终会体现在关系图中。

　　本体设计过程中，有时候部分枚举型概念会出现实例难以定义的情况，而这些概念往往还需要和其他概念的实例建立关系。例如论文语篇单元的论文背景、论文方法、论文结果、论文讨论、论文结论五大类，固然可以将其定义为语篇单元的子类，但若建立学术图表实例和它们的实例关系时，就会存在实例指代不清晰的问题。本研究参考NATRUE 期刊本体的做法，将这类概念变为上位类的实例，并将其指定为 SKOS 中的概念，这样既能体现其概念性质，同时利用 SKOS 的URI 命名域赋予其 HttpURI 唯一标识，使得实例指代意义清晰。

　　AFAT 本体中的科学研究类型、数据规模、论文篇章单元、图类型均采用了此种方式来定义实例。表 3-18 列举了部分学术图表本体中的SKOS 实例及所属类目。

表 3-18　AFAT 本体的 SKOS 概念实例

本体类	中文	SKOS 实例	本体类	中文	SKOS 实例
functional_ discourse_ elements （论文语篇单元）	论文背景	Artical_Backgroud	process status （项目过程状态）	计划	Planned
	论文方法	Artical_Method		取消	Cancelled
	论文结果	Artical_Result		进行中	Ongoing
	论文讨论	Artical _ Discus-sion		已完成	Completed
	论文结论	Artical _ Conclu-sion		暂停	Suspended
Scientific_ study （科学研究	实验	Experiment	scientific_data _scale （科学数据规模）	废弃	Aborted
	仿真	Mearsurement		数据仓储	scientific _ data _store
	观察	Observation		数据集	scientific _ data _set
	模拟	Simulation		数据点	scientific _ data _point

　　本体实例定义中，需要解决实例的 URI 命名问题。通过 URI，计算

机可以准确无歧义地识别知识组织系统内的所有实体。表格 3-19 展示了本体实例定义过程的 URI 定义方式。

表 3-19 AFAT 本体实例 URI 定义方式

本体类	命名方式	实例
Project	利用对象自身通用的唯一编码	2012AA101504
Figure，functional_discourse_elements，scientific_study_type，project_status，scientific_data_scale	基于 SKOS 对象命名方式	http：//www. w3. org/2004/02/skos/core# Aborted
supplymentary_data，AFAT_experimental_information，Academic_Figure_And_Table，organization，person	自定义 ABC 编码，A 学术图表 ID，B 对象缩写，C 顺序编号	PMC5131010F10；PMC5131010F10；PMC5131010F10ER1

在 Protégé 中，实例的关系及数据属性分别通过 object property assertions，data property assertions 操作。如图 3-17 所示。

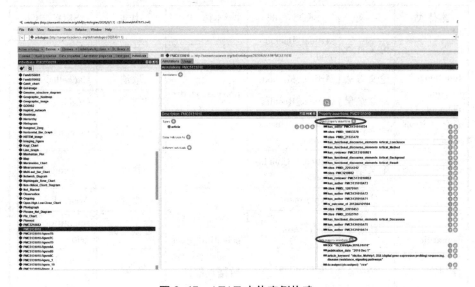

图 3-17 AFAT 本体实例构建

图 3-18 展示了文章 PMC4478542 的多个学术图表实例及关系。

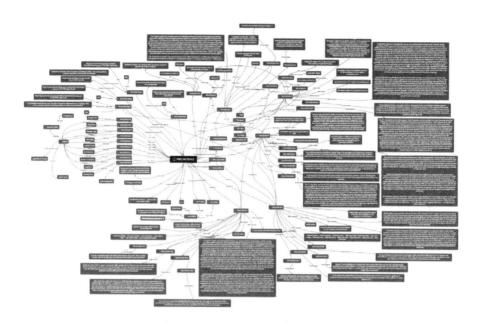

图 3-18 AFAT 本体实例案例

借助工具，实例数据可以进一步转换为知识图谱数据，用于知识图谱应用。图 3-19 展示了 GraphDB 中实例的部分知识图谱。

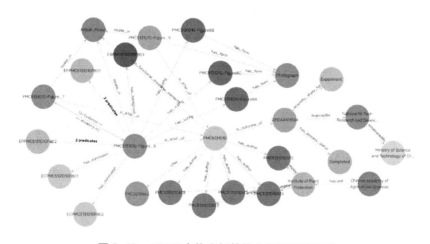

图 3-19 AFAT 本体实例转换为知识图谱实例

91

第三节 AFAT 本体进化

一、AFAT 本体进化思路

基于前文总结的本体进化步骤，本研究提出适用于 AFAT 本体进化的思路，如图 3-20 所示。

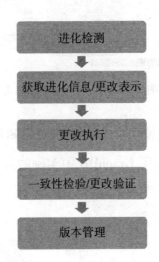

图 3-20 学术图表本体进化思路

（1）进化检测。将 AFAT 初始本体应用于水稻文献的语义标注过程，获得初始标注实例。以标注为基础，参考其他本体，如水稻领域叙词表、实验相关本体，对粗粒度的标注实例进行三元组抽取。

（2）获取进化信息/更改表示。基于标注统计和人工判读，得到进化所需信息。

（3）更改执行。利用获取的进化信息，对 AFAT 初始本体的概念、属性、实例、约束等进行添加、删除和替换等操作。借助 Protégé 软件，对 AFAT 初始本体中的 OWL 文件进行修改，就可以完成本体的变更操作。

（4）一致性检验/更改验证。基于 Protégé 软件的一致性检验功能，对新版本的本体进行逻辑、结构、推理等方面的一致性检验。若发现不一致的地方，则在领域专家的指导下修改出现错误的进化信息，删除相关的概念表达或者约束。

（5）版本管理。对本体版本进行文档化管理，记录进化信息和版本信息。

二、AFAT 本体进化实验

（一）进化检测

AFAT 本体的进化需求来源于使用过程中的更新需要，其进化目的在于完善 AFAT 本体功能，扩大本体的应用范围，并提高本体重用率。

本研究的 AFAT 初始本体，其概念及相关关系来自复用其他本体以及文献研究。由于这样的本体未经过使用的检验，因此需要对其进行进化。本研究选择水稻领域文献，采取人工方式，基于 AFAT 初始本体对文献内学术图表实施语义标注。分析语义标注实例发现，AFAT 初始本体中的一些概念及关系设置并不符合科技文献中学术图表的实际情况，并且还有较多概念未纳入初始本体内。继而参考水稻领域叙词表以及实验设计相关本体对标注实例进行进一步的标注。

（二）获取进化信息/更改表示

AFAT 初始本体的进化信息来自 PMC 中 32 篇水稻领域文献的人工

语义标注数据。这些文献一共包含238个图表。借助中国农业科学院数据处理中心的人工标注平台，基于AFAT初始本体，本研究对238个水稻领域图表进行了人工标注。

进化信息来源于两方面。一方面，基于对人工标注实例的统计，找到标注实例较少的概念，判断此概念标注实例低的原因，若概念设置不当，则需要对概念进行相关调整（如删除、调整上下位等）。另一方面，在人工标注过程中，对那些出现频繁却未纳入初始本体中的实例进行概念总结，并仔细考量新概念增加对初始本体的影响，最终确定是否要增加新概念，以及增加后的类目位置等。

获得进化信息后，需要确定采用何种更改表示。在本研究中，更改表示既有来自文本分析总结的自定义概念及关系，也有参考或复用其他本体中的概念、关系。例如，学术图表的"图表实验信息"最初未纳入初始本体中，通过标注分析发现，学术图表的上下文提及和图表注释文本中经常出现图表所涉及实验的描述。结合文献研究发现，实验设计有相关本体或框架可供参考，例如循证医学领域的PICO标准、PIBOSO分类，以及论文功能性语篇元素。参考这些组织框架，便可确定图表实验信息的更改表示。又如，基于统计发现，"图表特征"的子类概念设置并不合理，同时图表特征所涉文本与图表结果存在紧密联系。通过文献研究发现，目前尚未有相关本体描述图表特征及其关系，因而将其表示为新定义概念，在下一步的更改执行时，基于Protégé实现概念和关系新建。

（三）更改执行

学术图表本体进化的更改操作是借助Protégé软件完成的。本体更改的范围包括概念更改、属性更改、实例更改等，更改操作包括增加、删除、调整及替换等。这些更改操作分别对应以下情况：（1）更改表示的概念或属性在初始本体中不存在；（2）更改表示的概念或属性不适用于初始本体；（3）更改表示的概念是初始本体中概念的父类、子类。此外，在对属性操作进行更改时需要注意，属性除了变更关系外，还需要对属性的约束进行操作，如值域和定义域。

借助 Protégé 软件，学术图表本体在进化过程中主要有以下几类操作：概念新增、概念新增（本体映射）、概念新增（子类新增）、概念删除、子类调整、属性调整、约束调整。下面举例说明部分更改的对象内容。

● 实验信息：涉及概念新增和概念新增（子类新增）。新增图表实验信息概念，并在此基础上新增五个子类。

● 图表特征：对子类进行增删，同时调整关系。通过标注研究发现，图表类型和图表特征存在一定的对应关系，如散点图、地图通常表现出分布特征；折线图通常表现为趋势特征；照片通常表现为观察特征等，将这些关系以属性的形式新增到属性列表中，并确定好约束。

● 参数：删除部分子类。初始本体中定义了图表条件、图表对象值等类目，经过标注统计发现，图表对象值类目只有在结合对象及度量时才有意义，因此在本体进化中，将参数概念下的相关子类进行删除。

● 图表类型：调整分类。在标注过程中发现，初始本体的图表类型的分类未完全体现图表特征。因此，将图大类下的示意图子类调整为上级类目，并将序列图调整为示意图的子类；删除统计图子类；将图片命名调整为图像，新增凝胶图像子类。

（四）一致性检验/更改验证

在本体进化过程中，变更操作可能导致本体冲突或不一致的情况，需要对本体实施一致性检查，并验证本体一致性约束。本体的一致性检查可以通过 Protégé 内置的推理机 Racer 或 FaCT++来进行推理分析，若推导出的结果与本体所定义的结构相一致，则构建的本体满足一致性条件。

初始 AFAT 本体进化实验中，本研究采用 Protégé 内置的推理机 Racer 和 FaCT++对进化更改后的本体实施一致性检验，结果显示通过验证，无冲突。

第四章

学术图表语义知识发现技术

学术图表知识发现将在本体等领域知识组织体系和人工标注语料的基础上，融合视觉对象识别、术语抽取、语义标注、关系抽取等技术，对复杂知识实施自动抽取及建模。学术图表知识发现技术是利用计算机实现大规模学术图表语义增强标注（自动或半自动）的重要支撑。

第一节　学术图表对象及文本的识别与获取

一、学术图表对象识别与获取

学术图表知识发现首先要识别、定位、获取科技文献中的学术图表，并建立学术图表和周围文本间的联系。规范化标记格式（如HTML/XML 格式）和 PDF 格式是目前主流的两类科技文献格式，学术图表识别任务在两类格式上所需技术存在差异。图 4-1 展示了学术图表对象识别与获取在不同格式中的技术区别。

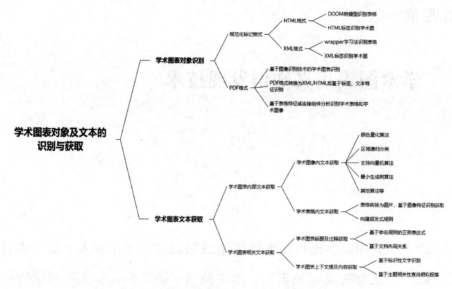

图 4-1　学术图表对象及文本的识别与获取技术路线

（一）XML 格式论文中图表识别与抽取

20 世纪 90 年代，表格信息抽取研究主要着眼于 ASCII 文件或由光学字符识别得到的表格。随着 HTML 技术的发展，基于 WEB 表格特征的表识别和抽取成为了主流。Word 表格、HTML 表格和 Excel 表格等半结构化表格文档的数据流中含有特殊的制表符，例如网页表格中的<table>、<div>、<ul>、<li>、
等标记。这类表格通常可以基于表格 DOOM 树模型来识别[1]。

XML 给学术图表抽取带来了变革。XML 是由 W3C 创建的一种用于互联网组织和发布信息的元标记语言。它不同于 HTML 语言，它允许用户自定义标记，通过一定规则的标签来描述数据，具有不错的灵活

---

① 唐皓瑾. 一种面向 PDF 文件的表格数据抽取方法的研究与实现 ［D］. 北京：北京邮电大学，2015.

性、扩展性和描述性。因此，当下绝大多数的科技文献出版商，如 Springer、IEEE、ScienceDirect、PMC 等都采用 XML 格式对论文进行表示。

由于图表格式的复杂性以及图表本身的独立性，数据库商通常会将图表数据与 XML 文档分开存储（也有部分数据库平台仅仅分开学术图像，学术表格通过标签描述于 XML 文档中），通过在 XML 中设置标签及路径来建立与图表间的关联。例如 PMC 采用 JATS 标准组织 XML 文档，文档中通过"article—body—sec—sec—fig"或"article—body—sec—table—wrap"来识别学术图表所在位置，并通过"graphic xlink：href"标签下的 ID 来建立与分开存储图表间的关联。

若表格直接描述于 XML 文档中，则表格抽取就需要通过标签信息并结合表格结构分析或 wrapper 学习方法来实施[①]，同时抽取后需要重新按照一定的格式组成新的表格。

（二）PDF 格式中学术图像识别与抽取

PDF 文档中的图像识别在 20 世纪 90 年代就已有了许多研究[②]。PDF 文档中图像提取相比 XML 格式而言更难。图形数据通常会以 raster 栅格（如 PNG、JPEG）或 vector formats 矢量格式（如 SVG、EPS）嵌入到 PDF 文档中。通常光栅图像作为单独的内容流（XOb-jects）嵌入到 PDF 中，因此，PDF 解析器很容易提取光栅图像，但矢量图的提取比较困难。在 PDF 文档中，图形和文本元素常常交织在内容流中，有时候矢量格式的图像写入器也可能会包含栅格图形。

---

① 刘颖 . 基于 Web 结构的表格信息抽取研究［D］. 安徽：合肥工业大学，2012.

② Chao H，Fan J . Layout and Content Extraction for PDF Documents［J］. Lecture Notes in Computer ence，2004，3163：213-224.

因此，研究人员采用两种模式来识别及分离 PDF 中的图片。

第一种模式是图—图识别。首先通过扫描等方式将整个 PDF 转为图片，随后研究人员基于位图分割技术、区域分类①、基于连接组件②的方法来识别 PDF 中的学术图像。如 Sagnik Ray Choudhury 使用图像转换工具 ImageMagick 2 将 PDF 的页面转换为图像并使用图像分割工具 leptonica 探查图像区域边界③。

第二种模式是格式化标签识别。这种模式将 PDF 文档转换为结构化的 XML/HTML 格式后基于标签来识别提取图像。例如，Apache PDF-Box④、PDFBox⑤、Xpdf⑥ 和 Poppler⑦ 等工具能够将 PDF 文档转换为结构化的 XML/HTML 格式，并提取文档中的图形。这些工具提取矢量格式的图像时，只能识别图形中的单个组件，例如直方图的一个条形段，而不是提取整个图像。针对这一问题，部分研究者提出基于正则表达式（启发式）来识别图像标题，基于标题位置，利用聚类算法来识别特定图像⑧（例如不包含图像操作符和文字操作符的图），或利用分类

① Chhatkuli A, Foncubierta‐Rodríguez A, Markonis D, et al. Separating compound figures in journal articles to allow for subfigure classification ［C］//Medical Imaging 2013：Advanced PACS‐based Imaging Informatics and Therapeutic Applications, Florida, United States, 2013.

② Li P, Jiang X, Kambhamettu C, et al. Compound Image Segmentation of Published Biomedical Figures ［J］. Bioinformatics, 2018, 34 (7)：1192-1199.

③ Choudhury S R, Giles C L. An Architecture for Information Extraction from Figures in Digital Libraries ［C］//International Conference. International World Wide Web Conferences Steering Committee, ACM, 2015：667-672.

④ Apache PDFBox ［EB/OL］. ［2023-05-02］. https：//pdfbox. apache. org.

⑤ PDFMiner ［EB/OL］. ［2023-05-02］. https：//github. com/euske/pdfminer.

⑥ Xpdf ［EB/OL］. ［2023-05-02］. http：//www. xpdfreader. com.

⑦ Poppler. ［EB/OL］. ［2023-05-02］. http：//poppler. freedesktop. org/.

⑧ Luis D. L, Jingyi Y, Cecilia N, et al. An automatic system for extracting figures and captions in biomedical pdf documents ［C］//2011 IEEE International Conference on Bioinformatics and Biomedicine, IEEE, 2011：578-581.

算法排除无关的矢量图像①②，从而达到提取整个图像的目的；Li P Y 等将文本内容与 PDF 文件的图形内容分开，利用连接组件分析检测图像，并基于 PDF 的布局信息恢复图像标题并建立与图像间的关系③。

这些 PDF 中的图像提取方法各有千秋，部分方法是针对特定领域的特定类型图像的，尚未有适用于所有领域的 PDF 图像识别抽取的方法。

（三）PDF 格式中表格识别与抽取

PDF 文档中的表格抽取通常分为三个步骤，即表格特征识别、表格定位、表格结构识别。与此同时，研究人员采用三种方法抽取 PDF 中的表格。第一种方法是使用第三方软件将 PDF 转换为 XML 或 TXT 格式，随后基于标签及文本特征抽取表格。第二种方法适用于那些以图片方式存储在 PDF 中的表格，这种方式需要引入图像识别技术，经过灰度变换、图像平滑、边缘检测、二值化和倾斜矫正等步骤分离并抽取表格④。第三种方法基于 PDF 表格特征（如基于文字的栅格化处理、基于框线的表格还原），通过解析算法，直接在 PDF 中提取表格。经过表格识别，实现表格形态的还原⑤。

---

① Praczyk P A, Nogueras-Iso J, Mele S . Automatic Extraction of Figures from Scientific Publications in High-Energy Physics ［J］. Information Technology and Libraries, 2013, 32 （4）: 25-52.

② Christopher Clark, Santosh Divvala. PDFFigures 2.0: Mining figures from research papers ［C］//Proceedings of the 16th ACM/IEEE - CS on Joint Conference on Digital Libraries, 2016: 143-152.

③ Li P Y, Jiang X Y, Shatkay H, et, al. Figure and Caption Extraction from Biomedical Documents. ［J］. Bioinformatics, 2019 35 （21）: 4381-4388.

④ 唐皓瑾. 一种面向 PDF 文件的表格数据抽取方法的研究与实现 ［D］. 北京：北京邮电大学，2015.

⑤ 张伯. 基于 PDF 文字流的表格识别技术的研究 ［D］. 北京：北京工业大学，2010.

相关研究还开发了许多从 PDF 内提取表格的工具，如 Tabula、TableSeer、pdf-table-extract、pdf2table 等。

二、学术图表文本识别与获取

（一）学术图表内部文本获取

学术图表内部文本涵盖了学术图像中的图例、图注、图像内文字等内容。J. Sas[①]、F. Böschen[②] 总结出学术图像中文本提取的通用步骤，包括图二值化处理、图像特征矢量计算、应用连接组件标记、OCR 识别、特殊字符过滤等。

为解决通用方法准确率不稳定的问题，研究者们使用不同方法从特定学术图像中提取图内文本。例如，在制图地图中应用颜色量化算法，并借助形态学算子和 OCR 来检测并分离文本[③]；使用垂直和水平投影直方图分析，将直方图的各区域递归分类为文本和非文本[④]；基于几何、区域、示例和轮廓等相关特征，采用支持向量机分类算法，从生物医学出版物图像中自动检测识别文本[⑤]；利用深度学习模型和 OCR

① SAS J, ZOLNIEREK A. Three－stage method of text region extraction from diagram raster images［J］. Advances in intelligent systems and computing, 2013, 226：527-538.
② FALK BÖSCHEN, ANSGAR SCHERP. A Comparison of approaches for automated text extraction from scholarly figures［C］//International conference on multimedia modeling. Reykjavík：Springer, 2017：15-27.
③ CHIANG Y Y, KNOBLOCK C. A. Recognizing text in raster maps［J］. Geoinformatica, 2015（19）：1-27.
④ XU, S H, MICHAEL K. A new pivoting and iterative text detection algorithm for biomedical images［J］. Journal of biomedical informatics, 43（6），924-931.
⑤ DE S, STANLEY R J, CHENG B, et al. Automated text detection and recognition in annotated biomedical publication images［J］. International journal of healthcare information systems and informatics, 2014, 9（2）：34-63.

识别，从生物学领域的路径图中获取分子实体及其相互作用的文本内容①。

表格内文本抽取研究相对成熟，主要有两类方法：一类将表格转为图片，基于布局、线条、文本位置、单词间距、文字大小等特征，按照图片内文本抽取的步骤，采用贝叶斯分类算法或者树形遍历算法，从图片内抽取文本内容②；第二类基于规则，构建启发式或模板，识别横纵轴标签及数值，抽取表格实体并重构关系③。

（二）学术图表相关文本的获取

Y. Hong 研究发现，若不参考上下文提及文本，研究人员在理解学术图表时将丢失 30% 的信息内容，因此，理解和发现学术图表应结合学术图表和上下文提及文本④。获取学术图表上下文信息时，需要保证尽可能找到学术图表涉及的文本内容，也应尽量少引入无关的文本信息。其中，学术图表标题、注释及正文中学术图表上下文提及内获取是主要研究点。

学术图表标题及注释获取可分为基于规则和基于布局关系两种方式。

① HE F, WANG D, INNOKENTEVA Y, et al. Extracting molecular entities and their interactions from pathway figures based on deep learning［C］//2019 IEEE international conference on bioinformatics and biomedicine（bibm）. San Diego：IEEE, 2020：1191-1193.

② NAGY G. Learning the characteristics of critical cells from web tables［C］//International conference on pattern recognition. Tsukuba：IEEE, 2012：1554-1557.

③ SETH S C, NAGY G. Segmenting tables via indexing of value cells by table headers［C］//International conference on document analysis and recognition. Washington, DC：IEEE, 2013：887-891.

④ HONG Y, AGARWAL S, JOHNSTON M. Are figure legends sufficient? Evaluating the contribution of associated text to biomedical figure comprehension［J］. Journal of biomedical discovery & collaboration, 2009, 4（1）：1-10.

（1）基于规则的方法是利用特定字段或基于命名规则的正则表达式来获取学术图表标题及注释内容。如利用<caption>、<table-note>等字段获取 XML 中的标题和注释内容。PDF 文档中标题及注释抽取可基于命名规则，利用正则表达式来抽取[①]。

标题的示范性的抽取语法如下：

CAPTION ∷ =<DOC EL TYPE>< Integer>< DELIMITER>< TEXT>

DOC EL TYPE ∷ =<FIG TYPE>∣ < TABLE TYPE>

FIG TYPE ∷ = FIGURE∣ Figure∣ FIG.∣ Fig.

TABLE TYPE ∷ = TABLE∣ Table

DELIMITER ∷ = ：∣ .

TEXT ∷ =<A String of Characters>

XML 文档中，图表注释的抽取主要基于位置规则，即图标题后、段落结束前。表格注释可基于字段，如 JATS XML 的<table-note >标记。

学术复合图的图注相对特殊，通常由子图标题及子图注释构成，而这两者均是学术子图的数据属性。和图表标题类似，基于命名规则的方法适合子图标题的提取。首先需要基于规则识别子标题的文本标签，即识别 A、B、a、a-c 等标签。通过制定标签样式和定界符来标识候选标签，它们可以表示为正则表达式。如单字母，单字母后有数字（如 a1），单字母后有标点符号（如 a. 或 b:）等。同时，还需要将一些特殊的表示扩展，例如 a-c 需要拓展完整为 a，b，c。最后应用过滤器来消除错误的候选标签，例如数字或者符号后有统计符号的，例如

---

① CHOUDHURY S R, MITRA P, KIRK A, et, al. Figure metadata extraction from digital documents ［C］//International conference on document analysis & recognition. Washington, DC: IEEE, 2013: 135-139.

P<，n=，±1 等。识别标签后，则需要抽取标签所表达的子标题内容，即 A... 后面的文本内容。在本研究的方法中，子标题内容的提取也依赖规则，其规则是抽取从当前标签到下一个标签之间的文本内容，当前标签后的第一句话是子标题内容，子标题内容到下一标签间的文本是子图注释。

基于规则的方法需要借助过滤器来筛选噪音结果。例如，仅选择以分号、句号、冒号为结尾的短语；或选择粗体或斜体；或选择字体与后面不一致的短句；或聚类不同描述符组，选择最多数量的组为唯一标识①。

（2）基于布局关系的方法是利用学术图表和学术图表标题、注释在文档布局上的对应关系，使用图像识别技术抽取图下或者表上的学术图表标题②。例如，C. Clark 和 S. Divvala 将每页 PDF 分解为标题、正文、图形文本和图形等不同区域，构建图形重叠、垂直文本、宽间隔文本、行宽等启发式，对标题、学术图表注释、正文文本进行分类③。

学术图表标题和学术图表本身的匹配也是一个重要的研究问题。XML 格式论文文档通常会提供学术图表的引用 ID，基于 ID 名称可建立学术图表标题和学术图表本身间的对应关系。而在 PDF 文档内，多数情况需要基于不同的学术图表和标题布局，综合考虑标题和学术图表

① LOPEZ L D, YU J, ARIGHI C N, et al. An automatic system for extracting figures and captions in biomedical pdf documents ［C］//IEEE international conference on bioinformatics & biomedicine. Atlanta：IEEE，2012：578-581.

② LI P Y, JIANG X Y, SHATKAY H, et, al. Figure and caption extraction from biomedical documents. ［J］. Bioinformatics，2019，35（21）：4381-4388.

③ CLARK C, DIVVALA S. PDFFigures 2.0：mining figures from research papers ［C］//Proceedings of the 16th acm/IEEE-cs on joint conference on digital libraries. Newark：ACM，2016：143-152.

的 1-to-1、N-to-N、N-to-M 关系，利用相关算法来确定对应关系。

学术图表上下文提及内容的获取有三种方法。第一种方法是基于标识性文字来识别明确引用学术图表的句子或者段落，如 fig、table 等关键词①。第二种方法以学术图表标题或明确引用学术图表的语句或段落为基准，基于主题相关性来查找与之最相似的句子或段落②③。第三种是基于位置的抽取方法：以明确引用的语句为参考语句，抽取与参考语句间距离为 XX 句的句子。Balaji 在生物学领域的图像文本标注实验中对比了上述几种方法，发现基于明确提示的方法在精准度方面表现最佳，段落方法在召回方面表现最好，而混合方法则在 F1 值上表现最佳④。

综合而言，学术图表对象及文本的识别与获取任务在不同文献类型中发展出了不同的技术路线。在现有技术的支持下，学术图像和学术表格的识别能获得不错的效果。学术图表文本识别中的上下文提及内容获取是一个难点，需要在覆盖率和准确率上取得平衡。

① BALAJI P R, SETHI R J, HONG Y, et al. Figure-associated text summarization and evaluation [J]. Plos One, 2015, 10 (2)：e0115671.

② YU H. Towards answering biological questions with experimental evidence：automatically identifying text that summarize image content in full-text articles [C] //Annual symposium proceedings / amia symposium. Washington, DC：AMia, 2006：834-838.

③ BHATIA S, MITRA P. Summarizing figures, tables and algorithms in scientific publications to augment search results [J]. ACM transactions on information systems, 2010, 30 (1)：1-24.

④ Balaji P R, Sethi R J, Hong Y, et al. Figure-Associated Text Summarization and Evaluation [J]. Plos One, 2015, 10 (2)：e0115671.

第二节　学术图表信息表示及建模

学术图表知识表示是指将描述学术图表的自然语言文本以及学术图表所展示的图像视觉信息，转化为计算机可处理的数字知识表示模式。学术图表涉及三类信息表示，分别是学术图表文本表示、图像视觉特征表示、图像标注文本表示，具体可参照图4-2所示内容。

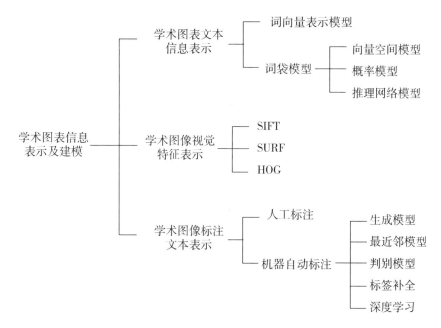

图4-2　学术图表信息表示及建模技术概览

一、学术图表文本表示

文本表示和编码，即数字知识表示，该步骤旨将自然语言文本转

化为计算机可处理的数字知识表示模式。现有文本处理或挖掘研究大
都基于离散的词表示为基础的文档表示模型，尽管有研究者提出了更
加复杂的概念图模型①或概念解析文本表示模型②，但由于领域概念网
络构建的复杂性，这类表示并未成为主流。词表示包括布尔逻辑模型、
词袋模型、N-gram 模型等方法。早期采用布尔逻辑二值表示法③，利
用 0 和 1 表示文档内是否出现某个词，它有助于快速检索，但结果缺乏
相关性特征。N-gram 模型是为解决不同语言文本词切分不一致问题而
产生的词表示方法，主要应用在中文文本表示中。词袋模型（Bag of
Words）是最常见的文本表示方式。它在二值表示法基础上，将所有词
语装进一个"袋子"，通过计算每个单词的出现次数，一段文字或一个
文档即可表示为 N 维的向量。文本挖掘需要对词袋模型的维度实施降
维，为此研究者提出了信息增益-互信息-交叉熵④、主成分分析⑤、线
性判别分析⑥、潜在语义索引（LSI）⑦、概率潜在语义索引（PLSA）⑧

① Priss U, Corbett D, Angelova G. Text Mining at Detail Level Using Conceptual Graphs [J].
2002, (10): 122-136.

② Bing L, Jiang S, Lam W, et al. Adaptive concept resolution for document representation and
its applications in text mining [J]. Knowledge-Based Systems, 2015, 74 (1): 1-13.

③ Armstrong R. WebWacher: A learning apprentice for the World Wide Web [C] //AAAI
Spring Symposium on Information Gathering from Heterogeneous, Distributed Environ-
ments. 1995.

④ Mladenic D, Grobelnik M. Feature Selection for Unbalanced Class Distribution and Naive
Bayes [C] //Proceedings of the Sixteenth International Conference on Machine Learning (IC-
ML 1999), Bled, Slovenia, June 27 -30, 1999. DBLP, 1999.

⑤ Jolliffe I T. Principal Component Analysis [J]. Journal of Marketing Research, 2002, 87
(4): 513.

⑥ Martinez A M, Kak A C. PCA versus LDA [J]. IEEE Transactions on Pattern Analysis &
Machine Intelligence, 2002, 23 (2): 228-233.

⑦ Deerwester S, Dumais S T, Furnas G W, et al. Indexing by latent semantic analysis [J].
Journal of the Association for Information ence & Technology, 2010, 41 (6): 391-407.

⑧ Hofmann T. Probabilistic latent semantic indexing [C] //International Acm Sigir Conference
on Research & Development in Information Retrieval. ACM, 1999.

及主题模型①等不同的降维方法，目前后三种方法较为常用。

　　在词袋模型基础上，文档表示可以采用向量空间模型（VSM）、概率模型②和推理网络模型③等模型。其中，向量空间模型是使用最为广泛、比较成熟的文档表示模型。TF-IDF 是空间向量模型中用于特征权重计算的常见方法，有不错的性能表现。TF-IDF 基于词频和逆文档频率来有效表示文档，其中逆文档频率（IDF）可以过滤掉文档中高频通用词。其他的特征权重计算方式还有基于随机投影 Gram-Schmidt 正交化法④、卡方法⑤、拉普拉斯分值法⑥、互信息方法⑦等。

　　传统的向量空间模型是一个高维的稀疏向量，并且无法解释不同词语之间的关系问题。在神经网络模型的支持下，T. Mikolov 等⑧使用连续词袋法（Continuous Bag-of-Words，CBOW）和 Skip-gram 两个模型，通过上下文内容来描绘一个词的表示形式，得到可以表示语义相

① Blei D M, Ng A Y, Jordan M I. Latent Dirichlet allocation ［J］. Journal of Machine Learning Research, 2003, 3: 993-1022.

② Manning C D, Raghavan P, Hinrich Schütze. Introduction to information retrieval ［M］. 北京：人民邮电出版社, 2010.

③ Turtle H R, Croft W B. Inference Networks for Document Retrieval ［C］//SIGIR '90, 13th International Conference on Research and Development in Information Retrieval, Brussels, Belgium, 5-7 September 1990, Proceedings. ACM, PUB27, New York, NY, USA, 1990.

④ Wang D, Zhang H, Liu R, et al. Unsupervised feature selection through Gram-Schmidt orthogonalization—A word co-occurrence perspective ［J］. Neurocomputing, 2016, 173 (JAN. 15PT. 3): 845-854.

⑤ Yang Y, Pedersen J O. A comparative study on feature selection in text categorization ［C］//Fourteenth International Conference on Machine Learning, 1997: 412-420.

⑥ Benabdesleni K, Elghazel H, Hindawi M. Ensemble constrained Laplacian score for efficient and robust semi-supervised feature selection ［J］. Knowledge and Information Systems, 2016, 49 (3): 1161-1185.

⑦ Vila M, Bardera A, Feixas M, et al. Tsallis mutual information for document classification ［J］. Entropy, 2011, 13 (9): 1694-1707.

⑧ Mikolov T, Chen K, Corrado G, et al. Efficient Estimation of Word Representations in Vector Space ［J］. Computer science, 2013.

关性的低维稠密向量，这种文本表示称为分布式词嵌入表示。在此基础上，又产生了一系列的词向量表示模型，例如 Paragraph Vector 模型①、Skip-Thought Vectors 模型②、Conv/LSTM-GRNN 模型③、Hierarchical Attention Networks（HAN）模型④等。

对于学术图表的标题、注释及上下文，可延续使用上述文本表示方法。

二、学术图像视觉特征表示

图像视觉特征表示是利用不同形式的特征表示描述图像的视觉内容的过程，此过程是让机器理解图像的基本单元。基于视觉特征表示的图像检索又称为基于内容的图像检索（Content Based Image Retrieval，CBIR）。视觉特征表示过程大致分为三个步骤：区域选择、特征表示、特征聚类。

区域选择早期采用固定划分的方式，此方式简单，但破坏了图像的视觉内容。图像分割是目前研究最多的区域选择方法，其最终目的

① Quoc V Le, Mikolov T. Distributed Representations of Sentences and Documents ［J］. Computer science, 2014.

② Kiros R, Zhu Y, Salakhutdinov R R, et al. Skip-Thought Vectors ［J］. Advances in neural information processing systems, 2015, 28.

③ Tang D, Qin B, Liu T. Document modeling with gated recurrent neural network for sentiment classification ［C］//Proceedings of the 2015 Conference on Empirical Methods in Natural Language Processing. 2015.

④ Yang Z, Yang D, Dyer C, et al. Hierarchical Attention Networks for Document Classification ［C］//Proceedings of the 2016 Conference of the North American Chapter of the Association for Computational Linguistics: Human Language Technologies. 2016: 1480-1489.

是将分割后的像素归属于某个对象，包括有监督①、弱监督②及无监督③的分割算法。事实上，图像分割不仅是底层图像处理问题，同时也是对象理解问题。目前自动图像分割在特定领域表现不错，但在通用领域的表现欠佳。显著点选择是针对对象级分割难以提升准确率这一情况所采用的优化区域选择方式，其原理是选择图像中具有显著特征的点来表示图像区域④。

在完成区域选择后，需要从确定的图像区域内提取出图像视觉内容的特征信息，如常见的颜色、纹理、形状和空间关系等，并在特征提取后通过特定描述符来表示图像视觉的局部对象，这一过程就是图像特征表示，也称为视觉单词袋（Bag of Visual Words，BVW）。SIFT（Scale Invariant Feature Transform）⑤、SURF（Speeded‐up Robust Features）、HOG（Histogram of Oriented Gradients）⑥ 等是应用较多的局部特征表示方法。尽管提取的图像视觉特征信息能直接用于图像检索，

① SHUAI Z, CHENG M M, WARRELL J, et al. Dense semantic image segmentation with objects and attributes ［C］//2014 IEEE conference on computer vision and pattern recognition （CVPR）. Columbus：IEEE, 2014, 3214-3221.

② VEZHNEVETS A, FERRARI V, BUHMANN J. M. Weakly supervised structured output learning for semantic segmentation ［C］//2012 IEEE conference on computer vision and pattern recognition. Providence：IEEE, 2012：845-852.

③ HUI Z, FRITTS J E, GOLDMAN S A. Image segmentation evaluation：a survey of unsupervised methods ［J］. Computer vision & image understanding, 2008, 110 （2）：260-280.

④ PEDERSEN K S, LOOG M, DORST P . Salient point and scale detection by minimum likelihood ［C］//Proceedings of machine learning research. Bletchley park：PMLR, 2007：59-72.

⑤ LOWE D G. Distinctive image features from scale‐invariant keypoints ［J］. International journal of computer vision, 2004, 60 （2）：91-110.

⑥ DALAL N, TRIGGS B. Histograms of oriented gradients for human detection ［C］//IEEE computer society conference on computer vision & pattern recognition. San Diego：IEEE, 005, 886-893.

但存在向量维度过高的问题，所以需要降维处理。降维方式有主成分分析①、奇异值分解②、局部敏感哈希③等。

在深度学习技术的支持下，近年来有诸多研究尝试使用视觉语义嵌入学习④、共识感知视觉语义嵌入⑤、图注意力⑥等方法挖掘图像和文本间的潜在语义结构信息，计算图像视觉特征表示和文本表示的相似性，从而实现基于图像的文本检索或基于文本的图像检索。这些方法致力于将图像视觉表示和文本表示统一在一个空间上，但当下此类技术未能平衡好全局特征和局部区域特征的关系，暂时未应用到更多的跨模态任务中，如图像字幕和视觉问答等。

三、学术图像标注文本表示

单纯的图像视觉特征表示无法让机器理解图像高级语义概念，从而导致机器与人在理解图像上存在语义鸿沟。图像标注正是为了建立

---

① NG R T, SEDIGHIAN A. Evaluating multidimensional indexing structures for images transformed by principal component analysis [C] //Proceedings volume 2670, storage and retrieval for still image and video databases iv. San Jose：SPIE，1996：50-61.

② PHAM, T T, MAILLOT N E, LIM J H, et al. Latent semantic fusion model for image retrieval and annotation [C] //Proceedings of the sixteenth ACM conference on information and knowledge management. Lisbon：ACM，2007：439-444.

③ INDYK P. Approximate nearest neighbors：towards removing the curse of dimensionality [C] //Proceedings of the 30th acm symposium on theory of computing (stoc'98). Dallas Texas：ACM，1998：604-613.

④ 杨战波. 基于深度学习和词嵌入的视觉语义嵌入研究 [D] 重庆：西南大学，2019.

⑤ WANG H, ZHANG Y, JI Z, et al. Consensus-aware visual-semantic embedding for image-text matching [C] //2020 european conference on computer vision. Glasgow：arxiv，2020：18-34.

⑥ WEN K , GU X , CHENG Q. Learning dual semantic relations with graph attention for image-text matching [J]. IEEE transactions on circuits and systems for video technology，2021 (7)：2866-2879.

机器所理解的视觉特征与人所理解的文本内容之间的映射而产生的。学术图像标注采用人工或机器自动学习的方式，将学术图像的低层视觉特征表示为高级语义的标注文本内容，这些与学术图像关联的标注文本可作为计算机理解学术图像的数字知识表示①。主流的五种图像自动标注方法包括基于生成模型、基于最近邻模型、基于判别模型、基于标签补全、基于深度学习②。其中，基于深度学习算法的图像自动标注是近年的研究热点，涉及的模型包括深度神经网络、卷积神经网络、循环神经网络、长短期记忆网络及堆栈自动编码等③。这些自动标注方法大多在一般图像或网络图像上进行实验，而在学术图像领域，目前主流的标注方式依旧是人工标注，发展了 Quick Annotator④、DicomAnnotator⑤ 等半自动或众包标注工具。

学术图表的双模态特性导致学术图表信息表示上出现割裂。学术图像标注文本表示虽尝试修复文本表示和视觉特征表示间的割裂，但由于学术图像标注所需的初始标注知识库缺乏，同时受制于以学术图表为核心对象的知识单元语义表示模型尚未完善，导致学术图表自动语义标注技术未能实现大规模应用。将图像视觉表示和文本表示统一

---

① 陈涛，单蓉蓉，李惠. 数字人文中图像资源的语义化标注研究［J］. 农业图书情报学报，2020，32（9）：6-14.

② BHAGAT P K, CHOUDHARY P. Image annotation：then and now［J］. Image and vision computing, 2018（80）：1-23.

③ ADNAN M M, RAHIM M, REHMAN A, et al. Automatic image annotation based on deep learning models：a systematic review and future challenges［J］. IEEE access, 2021（9）：50253-50264.

④ MIAO R, TOTH R, ZHOU Y, et al. Quick annotator：an open-source digital pathology based rapid image annotation tool［J］The journal of pathology, 20217（6）：542-547.

⑤ DONG Q, LUO G, HAYNOR D, et al. DicomAnnotator：a configurable open-source software program for efficient dicom image annotation［J］. Journal of digital imaging, 2020, 33（6）：1514-1526.

到同一空间进行计算是值得关注的技术，需关注其在全局空间和局部对象的结合以及视觉语义推理方面的进展。

第三节 学术图表分类和学术图表文本分类

一、图表自动分类

图表类型对于图表发现有着一定的意义。例如，在检索"肝硬化"时，医学领域的研究人员很大可能是需要一张"肝硬化"的显微镜成像扫描图或引发肝硬化的基因分析图，而社会研究者则大概率需要一张关于"肝硬化"疾病的统计图或表格。

由于表格相较于图像具有更多文本特征，结合表本身特有的布局特征，故而学术图与学术的表区分并不困难。然而，学术图像需要进一步分类。不同领域中学术图像表现类型不一，同时由于复合学术图的大量存在，学术图像类型识别更具挑战。表 4-1 列举了部分针对学术单图的自动分类研究。

表 4-1　学术单图自动分类研究

工具或研究者	图像特征	分类图像	分类算法
FigureSeer①	基于深层的像素相似度，如象征符卷积、连通分量大小、色块等	折线图、散点图、流程图、Graph plots 图块、数学算法、条形图、表格	卷积神经网络（平均精准度 86%）

---

① Siegel N, Horvitz Z, Levin R, et al. FigureSeer：Parsing Result - Figures in Research Papers [C]//european conference on computer vision,2016：664-680.

续表

工具或研究者	图像特征	分类图像	分类算法
Tabula①	提取高层图形(例如线段)	条形图、折线图、Gantt图、散点图、表格	—
ReVision②	低层的图像特征以及抽取的文本级别的特征	面积图、条形图、折线图、地图、帕累托图、饼图、雷达图、散点图、表、逻辑图	支持向量机算法,分类准确率平均为80%左右
ChartSense③	基于图像的深层特征	同 ReVision	卷积神经网络算法(分类精确度达91.3%)
V. Shiv Naga Prasad④	基于局部图像分割、边的连续性特征,尺度不变特征变换、方向梯度直方图特征	条形图、折线图、饼图、散点图、surface-plots	金字塔匹配算法、支持向量机;准确度条形图90%、折线图76%、饼图83%、散点图86%、surface-plots84%
Huang W, Zong S, Tan C L⑤	基于图表形状中的直线、圆弧、椭圆弧形状的边数、边的顺序、并行边的对数及对称轴数等特征	条形图(2D)、饼图(2D)、饼图(3D)、线图、圆环图	多样性密度算法,在条形图(2D)、饼图(2D)、饼图(3D)、圆环图中有近90%以上的准确率,但在线图分类上仅有4%的精准度

① Mackinlay J,Hanrahan P,Stolte C . Show Me:Automatic Presentation for Visual Analysis[J].
IEEE Transactions on Visualization & Computer Graphics,2007,13(6):1137-1144.

② Savva M,Kong N,Chhajta A,et al. ReVision:automated classification,analysis and redesign of
chart images[C]//user interface software and technology,2011:393-402.

③ Jung D,Kim W,Song H,et al. ChartSense:Interactive Data Extraction from Chart Images[C]//
human factors in computing systems,2017:6706-6717.

④ Prasad V. S. N,Siddiquie B,Golbeck L,,et,al. Classifying Computer Generated Charts[C]//In-
ternational Workshop on Content-Based Multimedia Indexing,Bordeaux,2007:85-92.

⑤ Huang W,Zong S,Tan C L. Chart Image Classification Using Multiple-Instance Learning[C]//
Eighth IEEE Workshop on Applications of Computer Vision. IEEE,2007:27.

续表

工具或研究者	图像特征	分类图像	分类算法
DeepChart①	将原始图表作为输入，使用卷积神经网络算法提取名为 ConvNets 的全连接层作为隐藏特征	条形图、流程图、折线图、饼图、散点图	使用深度卷积神经网络和深度置信网络(动态贝叶斯网)结合的方式。深度置信网络根据图的隐藏特征预测图的类型。平均分类精确度为75.4%
Figure Classifier②	综合考虑图像特征(灰度分布、颜色密度、子图的均匀性、偏度差异等)和文本特征	医学图像分类为凝胶图像、事物图像、图形、模型、混合图五大类	使用集成了分层和 SVM 分类模型的多模型分类器，总体上获得了 77.8%的准确性和76.7%的F1 评分

除了单一类型的图像外，研究者经常需要利用多方面的数据，多维度阐述某个实验结果，为些会将多种类型的图像组合起来，例如组合统计图和成像图，组合而成的图像称为复合图。复合图是科技文献中较为常见的图类型，识别复合图、识别子图类型是后续图表抽取、理解、检索的基础。

复合图识别分为基于文本特征、基于视觉特征、基于混合特征三种方法。

作者设计复合图时，通常会使用相应的标签来标识图像子图。这些标识通常位于复合图的拼接处以及图注释中，其标识格式一般为"序列符号+分隔符号"，例如"A."，"b:"" (c) "，" (I) "。序列符号可能为大小写的字母或者罗马数字，分隔符号通常为括号、冒号、句号等。

---

① Tang Binbin, Liu Xiao, Song Mingli, et al. DeepChart: Combining deep convolutional networks and deep belief networks in chart classification[J].Signal Processing,2016(124):156-161.

② Kim D, Ramesh B P, Yu H, et al. Automatic figure classification in bioscience literature[J]. Journal of Biomedical Informatics,2011,44(5):848-858.

基于这些先验知识，研究者利用文本特征来识别复合图。例如，Pelka 基于词袋模型抽取文本特征，使用支持向量机分类算法检测复合图[①]；Li 等人选择正则表达式标识复合图表达文本，继而检测复合图[②]。

复合图识别也可依靠图像布局的视觉特征。构建复合图时，通常会设计分隔，表现为两个图片间存在的空白。部分研究者借助分界线探测[③]、子图连通域探测[④]、图像强度统计[⑤]等技术，基于复合图视觉特征来检测复合图。

识别子图类型是一个多标签分类任务，该任务有两种解决思路。一种思路是分割复合图为子图，随后基于单一图的分类算法识别子图类别标签[⑥]；另一种思路是创建多标签学习模型，基于复合图的说明文本及复合图视觉特征，直接从复合图中识别出子图类别[⑦]。

学术表格分类任务的研究较少，主要从表格形态、用途等维度对

① Pelka O, Friedrich C M. FHDO biomedical computer science group at medical classification task of ImageCLEF 2015 [C] //Working Notes of CLEF 2015 Conference, CEUR-WS, Toulouse, France, 2015.

② Li P, Sorensen S, Kolagunda A, et al. UDEL CIS working notes in ImageCLEF 2016 [C] // Working Notes of CLEF 2016 Conference, CEUR-WS, Evora, Portugal, 2016: 334-346.

③ Yuan X, Ang D. A novel figure panel classification and extraction method for document image understanding [J]. International Journal of Data Mining and Bioinformatics, 2014, 9 (1): 22-36.

④ Li P, Jiang X, Kambhamettu C, et al. Segmenting compound biomedical figures into their constituent panels [C] //International Conference of the Cross-Language Evaluation Forum for Europeanm Languages. Springer, Cham, 2017: 199-210.

⑤ Taschwer M, Marques O. Compound figure separation combining edge and band separator detection [C] //International Conference on Multimedia Modeling, Springer, Cham, 2016: 162-173.

⑥ Santosh K C, Aafaque A, Antani S, et al. Line segment-based stitched multipanel figure separation for effective biomedical CBIR [J]. International Journal of Pattern Recognition and Artificial Intelligence, 2017, 31 (06): 1757003.

⑦ 于玉海. 面向医学文献的图像模式识别关键技术研究 [D]. 辽宁: 大连理工大学, 2018.

表格进行分类，如 Tabex 工具能够识别 Web 表格，并将其分为垂直列表、水平列表、日历、窗体等不同类型。

学术图表文本分类和学术图表分类均能有效提高学术图表信息抽取的效果。当下学术图像内的文本分类任务依旧局限在文本功能层面，未来可以结合图像类型，对文本进行语义深度分类，探究图像类型与图像文本间的语义关联，例如流程图中的文本表示流程步骤，树形图的文本存在的上下级关系。由于不同领域中学术图像表现类型不一以及复合学术图的大量存在，学术图像类型识别尚无法覆盖全部图像类型。

二、学术图表文本分类

文本分类和聚类是对浅层文本实施挖掘，以识别分类信息，而信息检索是以文本分类和聚类结果为基础的文本挖掘应用。

文本分类主要基于三类模型：逻辑模型（如决策树）、概率模型（如朴素贝叶斯）、几何模型（如支持向量机）。这三类模型的共同特点是：它们都预先有一个知识分类框架或者知识分类的规则，然后按照这个框架和规则，对每一篇文档或每一段文本逐一地进行处理和分类。邻近分类器和神经网络算法是文本分类任务中比较成熟和流行的方法。

文本聚类是在没有预先定义知识框架、规则、类别的情况下，自动产生文本分类的过程。文本聚类主要有以下三个方法：①层次聚类法①，分自顶向下、自下向上两大类。②分区聚类，典型例子是 K 均值

---

① Peter Willett. Recent trends in hierarchic document clustering: a critical review ［J］. Information Processing & Management. 1988, 24（5）: 577-597.

聚类①，即围绕某一篇文档，与它语义相似度最近的集合就把它分为一类，从而通过聚类形成分类。③概率聚类和主题模型，包括概率潜在语义分析模型（PLSA）和隐含狄利克雷分布（LDA）。其中 LDA 相关研究很多，产生了监督 LDA（sLDA）、分层 LDA（hLDA）、分层弹球分配模型（HPAM）等模型变种。主题模型应用很广，例如采用基于 LDA 的本体主题模型进行自动主题标注和语义标注②；采用基于知识的主体模型进行上下文感知的推荐③；基于 LDA 为实体消除歧义，定义更复杂的主题模型④等。

学术图表文本分类分为两个子任务。一是学术图表上下文分类，例如将上下文分为简介、方法、结果和讨论等，它的主要用途在于形成文本摘要。二是学术图表内文本分类。学术图像中部分文本有明确含义，如图例、x 轴标签、y 轴标题等，可以对它们实施分类。J. Poco 等构建了一个专门的学术图像文本分析管道，通过文字检测、OCR 识别、词合并、文本分类等步骤实现学术图像内文字编码的逆向解析，并将其分类为不同实体类型⑤。学术表格文本分类则关注其在文献内的使用功能，如 S. Kim 将科学论文内的表格分为背景、系统/方法、实验

---

① Kanungo T，Mount D M，Netanyahu N S，et al. An efficient k-means clustering algorithm：analysis and implementation ［J］. IEEE Transactions on Pattern Analysis & Machine Intelligence，2002，24（7）：881-892.

② Allahyari M，Kochut K. Automatic Topic Labeling Using Ontology-Based Topic Models ［C］//IEEE International Conference on Machine Learning & Applications. IEEE，2016.

③ Allahyari M，Kochut K. Semantic Context-Aware Recommendation via Topic Models Leveraging Linked Open Data ［C］//In International Conference on Web Information Systems Engineering，Springer，2016：263-277.

④ Prithviraj S. Collective context-aware topic models for entity disambiguation ［C］//In Proceedings of the 21st international conference on World Wide Web，ACM，2012：729-738.

⑤ POCO J，HEER J. Reverse-engineering visualizations：recovering visual encodings from chart images ［J］. Computer graphics forum，2017，36（3）：353-363.

三类以及评论、比较两个功能类①。

第四节 学术图表信息抽取

信息抽取是知识发现最重要的一环，它从非结构化数据中抽取出结构化信息以获得知识初始模式。命名实体识别及关系抽取是文本信息抽取的两个核心过程。

学术图表信息抽取包括两大方面。其一，科技文献中与学术图表相关的文本信息抽取，此部分的技术路线即传统的科技文献文本信息抽取的技术。其二，学术图表本身的信息抽取，其又分为学术图像内实体识别及标注、学术图表关系抽取两个分支。图4-3展示了学术图表信息抽取的主要技术点及其主流方法。

一、科技文献文本信息抽取

信息抽取技术是文本挖掘最核心的一项技术，其负责从文本数据中抽取出结构化的文本信息及获得知识初始模式。它包括两方面内容，一是命名实体识别，二是关系抽取。

（一）命名实体识别

命名实体识别有多种方法。（1）基于词典的方法，如 S. A. Akhondi

---

① KIM S, LIU Y. Functional-based table category identification in digital library［C］//2011 international conference on document analysis and recognition. Beijing：IEEE, 2011：1364-1368.

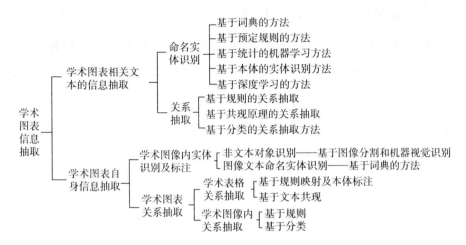

图4-3 学术图表信息抽取技术路线

等在 ChEBI 和 HMDB 化学词表的基础上，基于 LeadMine 工具来对化学物进行语法识别和抽取①。（2）基于预定规则的方法。该方法根据预定义的语法、句法规则（人工总结②、基于启发式的规则学习③、机器学习归纳）来抽取文档内实体。（3）基于统计的机器学习方法。该方法从标注过的训练文集中，让机器归纳实体识别的模式，然后基于模式在不同算法下识别新实体。机器学习算法模型可分为 3 类：第一类是基于分类的算法，如朴素贝叶斯、支持向量机；第二类是基于序列的方法，如隐马尔可夫模型、条件随机场以及最大熵马尔可夫模型，代表

① Akhondi S A, Hettne K M, Eelke van der Horst. Recognition of chemical entities：combining dictionary-based and grammar-based approaches［J］. Journal of Cheminformatics，2015，7（Suppl1）.

② Ciravegna F, Dingli A, Iria J, et al. Multi‑strategy definition of annotation services in MELITA［C］//ISWC 2003 International semantic web conference. 2003：97-107.

③ Ciravegna F, Chapman S, Dingli A, et al. Learning to harvest information for the semantic web［C］//The Semantic Web：Research and Applications. Springer Berlin Heidelberg，2004：312-326.

系统包括 MnM①、Amilcare②、BioTagger-GM③ 等；第三类是混合方法。（4）基于本体的实体识别方法，细分为本体构建和本体扩展两种④。前者识别本体中的概念和属性，基于种子概念（领域中常见术语）和模式学习来扩展更多的概念，如 Text-To-Onto；后者则偏重于实例和属性值层次，借助本体（如叙词表）中的实例及同义词环来识别实体，如 PANKOW、OntoSyphon、Kylin、SOBA 等。（5）基于深度学习的方法。自 2018 年底谷歌发布 BERT 以后，基于 BERT 的信息抽取受到广泛关注。诸多基于 BERT 的改进模型和衍生模型被提出，如华盛顿大学提出的 RoBERTa，清华提出的 ERNIE，北大、腾讯和北师大共同提出的 K-BERT、哈工大提出的 BERT-WWM 等。

（二）关系抽取

关系抽取相比实体抽取更为复杂，通常要借助句法规则、上下文内容来发现关系。关系抽取方法大致分为 3 种：基于规则、基于共现及基于分类的关系抽取。

基于规则的关系抽取借助自然语言处理研究中的句法分析和语义分析工具，基于预定义的模式和特定语法关系匹配规则对语句关系实施模式匹配。例如为获取生物分子之间的绑定和制约关系，定义动词

① Vargas-Vera M, Motta E, Domingue J, et al. MnM：Ontology Driven Semi-automatic and Automatic Support for Semantic Markup ［C］//International Conference on Knowledge Engineering and Knowledge Management. Springer Berlin Heidelberg，2002.

② Ciravegna F, Dingli A, Petrelli D, et al. User-System Cooperation in Document Annotation Based on Information Extraction ［C］//Knowledge Engineering and Knowledge Management. Ontologies and the Semantic Web, Siguenza, Spain, 2002.

③ Manabu T, Zhangzhi H, Wu C H, et al. BioTagger-GM：A Gene/Protein Name Recognition System ［J］. Journal of the American Medical Informatics Association（2）：247-255.

④ 丁培. 科学文献与科学数据细粒度语义关联研究［J］. 图书馆论坛，2016，（7）：24-33.

"bind"关系模板①，编写动词"inhibit"模板②。T. Ono 等提出基于模式的系统，使用简单词的人工编码规则和标注词性的模式来抽取生物医学文献摘要中的特殊种类蛋白质间的交互关系③；J. C. Park 等提出基于可组合分类语法的深层分析器，通过定位动词，扫描动词左右部文本，获得文本语法成分④；J. M. Temkin 等基于上下文无关文法和词典分析程序来抽取基因以及蛋白质间的交互关系⑤；SemRep 基于统一医学语言系统（UMLS）利用指示规则（Indicator rules）抽取生物文献语句中的语义谓项⑥。

　　基于共现原理的关系抽取。此方法的基本思路是如果两个实体在同一个语句、段落、文章中出现时，那么两者必然存在某种关系。B. StaPley 等借助共现方法在 Medline 记录中检测基因名间的相互关系⑦。

　　简单同现提取的关系类型通常是未知的，通过应用一定的文本分

① Rindflesch T C, Phd L H, Aronson A R. Mining molecular binding terminology from biomedical text ［C］//Proceedings of the AMIA99 Annual Symposium. 1999.

② Pustejovsky J, Castafio J, Zhang J, et al. Robust relational parsing over biomedical literature：extracting inhibit relations ［J］. Pacific Symposium on Biocomputing Pacific Symposium on Biocomputing, 2002, 16 (9)：362-373.

③ Ono T, Hishigaki H, Tanigami A, et al. Automatic extraction of information on protein-protein interactions from the biological literature ［J］. Bioinformatics, 2001, 17 (2)：155-161.

④ Park J C, Kim H S, Kim J J. Bidirectional incremental parsing for automatic pathway identification with combinatory categorical grammar ［C］//Proceedings of the Pacific Symposium on Bio Computing. Hawaii, USA, 2001：396-407.

⑤ Temkin J M, Gilder M R. Extraction of protein interaction information from unstructured text using a context-free grammar ［J］. Bioinformatics, 2003, 19 (16)：2046-2053.

⑥ SemRep. ［EB/OL］. http：//semrep. nlm. nih. gov. /.

⑦ Stapley B, Benoit G. Biobibliometrics：information retrieval and visualization from co-occurrences of gene names in Medline abstracts ［C］//Proceedings of the Pacific Symposium on Biocomputing. Hawaii, USA, 2000：529-540.

类技术来支持特定实体关系的提取，这是基于分类的关系抽取方法。M. Craven 等采用贝叶斯分类器来求解同一语句中两个及以上实体间是否存在交互关系的概率[1]；I. Donaldson 等利用支持向量机来抽取蛋白质相互作用关系[2]；X. Liu 等同样利用支持向量机分类方法，结合递归算法来抽取生物实体间的事件[3]。机器学习的方法免去了人工建立模式或者规则所需的繁重努力，通过对一个训练集的学习自动建立分类模型来判定蛋白质之间的交互关系[4]。

二、学术图表自身信息抽取

（一）学术图像内实体识别及标注

学术图像内实体识别及标注涉及学术图像内非文本对象识别与标注、学术图像内文本命名实体识别。

学术图像内非文本对象识别与标注是基于图像分割和机器视觉对象识别，从照片、医学图像、成像图等类型的学术图像中发现科研对象，并建立对象的边界与类别。研究者们在医学、生物、农业等领域开展特定类型图像的非文本对象识别与标注。结构化文本图片发现系统（Structured Literature Image Finder system，SLIF）关注生物文献中的

① Craven M，Kumlien J. Constructing biological knowledge bases by extracting information from text sources ［C］//Proceedings of the 7th International Conference on Intelligent Systems for Molecular Biology. Heidelberg，Germany，1999：77-86.

② Ian，Donaldson，Joel，et al. PreBIND and Textomy — mining the biomedical literature for protein-protein interactions using a support vector machine ［J］. BMC Bioinformatics，2003：234-239.

③ Liu X，Bordes A，Grandvalet Y . Extracting biomedical events from pairs of text entities ［J］. Bmc Bioinformatics，2015，16（Suppl 10）：S8-S8.

④ 封二英，牛耘，魏欧 . 基于大规模文本的蛋白质交互关系自动提取 ［J］. 计算机应用，2012，（032）：147-150.

显微镜成像图，通过机器视觉识别的方法来发现成像图中的基因、蛋白质对象，并标注概念①。Human Brain Project 项目识别大脑成像图片的特定区域对象，并将其与受控词表中的概念关联②。EMAP（Edinburgh Mouse Atlas Project）利用解剖学词表概念对老鼠胚胎的 3D 图片和 2D 组织切面进行标注③。农业领域的研究者们基于卷积神经网络等深度学习算法识别并分类学术图像中的不同植物的不同病虫害，在小范围数据集中取得不错效果④⑤。

学术图像内文本命名实体识别是通过识别学术图像中的文本对象，基于图像表达内容来实施的。如 T. Kuhn 等识别医学文献中凝胶图片中标签，对基因、蛋白质等对象进行命名实体识别，正确识别基因/蛋白质实体达到 65.3% 左右⑥。

（二）学术图表关系抽取

1. 学术表格关系抽取

研究者基于表格形式特征，抽取学术表格文本并借助本体或语义

① MURPHY R F, VELLISTE M, YAO J, et al. Searching online journals for fluorescence microscope images depicting protein subcellular location patterns ［C］//. IEEE international symposium on bioinformatics & bioengineering. Bethesda：IEEE, 2001：119-128.

② GERTZ M, SATTLER K U, GORIN F, et al. Annotating scientific images：a concept-based approach ［C］//Proceedings 14th international conference on scientific and statistical database management. Los Alamitos：IEEE, 2002：59-68.

③ EMAGE. Data Annotation Methods ［EB/OL］. ［2020-11-02］. http：//www. emouseatlas. org/emage/about/data_annotation_methods. html#auto_eurexpress.

④ TOO E C, YUJIAN L, NJUKI S, et al. A comparative study of fine-tuning deep learning models for plant disease identification ［J］. Computers and electronics in agriculture, 2018, 161（1）：272-279.

⑤ BARBEDO J A. Plant disease identification from individual lesions and spots using deep learning ［J］. Biosystems engineering, 2019, 180（1）：96-107.

⑥ KUHN T, NAGY M, LUONG T B, et al. Mining images in biomedical publications：Detection and analysis of gel diagrams ［J］. J biomed semantics, 2014, 5（1）：1-9.

映射关系来抽取学术表格内文本关系。Z. Q. Zhang 提出了一种增量的、互递归的、弱监督学习的一维表数据自动语义标注方法 TableMiner，利用上下文信息和部分列数据初步得出列头对应的类和单元格数据在 FreeBase 知识库中对应的实体，并抽取实体关系①。H. P. Cao 等借助本体工具，利用规范化的观测术语、实体对象，基于表格对应关系，将观测数据表格转化为可理解的事件②。C. S. Bhagavatula 等构建了实体链接系统 TabEL，该系统通过考察单元格短语与候选实体在维基百科文档和表格中的共现情况来确定列类型和列关系③。

2. 学术图像内关系抽取

学术图关系抽取建立在图内文本、对象、数值提取的基础上，可基于规则或分类的方式抽取知识关系。A. Kembhavi 等引入一种图解析图（Diagram Parse Graphs，DPG）方法，识别文献中视觉插图（如食物链图、大气循环图等）中的图元素，并建立元素间的语义关系④。P. Lee 等提出从系统树图中提取信息的新方法，可以实现科学文献中系统树图自动识别，并基于层级规则，提取树结构的关键成分，重建树，恢复树的层次关系⑤。何英研究科技文献中的柱形图的检测、分割、信

① ZHANG Z. Towards efficient and effective semantic table interpretation ［C］//International semantic web conference. New York：Springer-verlag，2014：487-502.
② CAO H，BOWERS S，SCHILDHAUER M P. Approaches for semantically annotating and discovering scientific observational data ［C］//Database and expert systems applications. Berlin：Springer，2011：526-541.
③ MARTIN M，NUFFELEN B，ABRUZZINI S，et al. The digital agenda scoreboard：a statistical anatomy of Europe's way into the information age ［J］IOS press，2012：1-5.
④ KEMBHAVI A，SALVATO M，KOLVE E，et al. A diagram is worth a dozen images ［C］//Computer vision - eccv 2016. Amsterdam：springer，2016：235-251.
⑤ LEE P，YANG T.S，WEST J，et al. Phyloparser：a hybrid algorithm for extractingphylogenies from dendrograms ［C］//14th iapr international conference on document analysis and recognition（icdar）. Kyoto：IEEE，2017：1087-1094.

息提取，基于 CNN 卷积神经分类器，从生物文献中的柱形图中抽取大豆基因和表型相关的数据，挖掘并建立基因—表型—育种时间—表现水平数值间的关系①。

学术图表信息抽取是综合性任务，一方面它需要学术图表信息表示及学术图表分类为其提供基础信息，另一方面抽取任务要深度融合语义信息。现有信息抽取研究实践通过借助领域词典或自定义语义关系可实现特定学术图表类型中的部分语义信息抽取。若能够建立完善的学术图表语义知识组织体系，并将其与领域知识组织体系结合，必将获得更精准的学术图表信息抽取。

第五节　学术图表外部关联信息抽取

学术图表外部关联信息主要指论文中和学术图表发现密切相关的内容，包括论文元数据（论文标题、论文作者、作者机构、论文引用、论文关键词等），数据信息（如补充数据标题、补充数据描述）和图表引用信息（图表引用文献、图表引用数据）。

一、论文元数据抽取

针对论文元数据抽取，薛欢欢总结论文元数据抽取三种方式，并指出基于规则的论文信息抽取方法准确度高但可扩展性差，基于模板的论文信息抽取方法下效率高但受制于模板构建，基于机器学习的论

---

① 何英．PubMed Central 文献中的柱形图信息抽取研究与应用［D］. 湖北：武汉理工大学，2018.

文信息抽取方法灵活性、鲁棒性最佳，但需要构建训练语料①。李朝光等利用正则表达式直接从 PDF 文档中抽取首页元数据，包括标题、作者、摘要和关键字②。更多研究者利用工具将 PDF 转换为 XML 格式文档，基于 XML 规则来抽取论文信息，抽取信息有标题、作者名、地址、电子邮箱、摘要、关键字、引文③。Day M Y 等采用模板匹配方法，设计层次化知识描述框架的 InfoMap 抽取论文中的引文元数据④。黄泽武也基于模板的方法识别与抽取标题、作者、摘要、参考文献等信息⑤。机器学习的兴起为论文信息抽取带来新格局，研究者们采用包括SVM⑥⑦、条件随机场⑧、隐马尔可夫模型⑨、深度神经网络⑩等分类算

① 薛欢欢. 基于条件随机场的中文期刊论文信息识别与抽取 ［D］. 北京：中国农业科学院. 2019

② 李朝光，张铭，邓志鸿，等. 论文元数据信息的自动抽取 ［J］. 计算机工程与应用，2002，38（021）：189-191.

③ 陈俊林，张文德. 基于 XSLT 的 PDF 论文元数据的优化抽取 ［J］. 现代图书情报技术，2007（2）：18-23.

④ Day M Y, Tsai R T H, Sung C L, et al. Reference metadata extraction using a hierarchical knowledge representation framework ［J］. Decision Support Systems，2007，43（1）：152-167.

⑤ 黄泽武，基于语义的科技文献共享平台的信息抽取系统 ［D］. 湖北：华中科技大学，2007.

⑥ Kovacevic A, Ivanovic D, Milosavljevic B, et al. Automatic extraction of metadata from scientific publications for CRIS systems ［J］. Program：Electronic Library and Information Systems，2011，45（4）：376-396.

⑦ Tkaczyk D, Szostek P, Fedoryszak M, et al. CERMINE：automatic extraction of structured metadata from scientific literature ［J］. International Journal on Document Analysis and Recognition，2015，18（4）：317-335.

⑧ Lopez P. GROBID：combining automatic bibliographic data recognition and term extraction for scholarship publications ［C］//european conference on research and advanced technology for digital libraries，2009：473-474.

⑨ Cui B, Chen X. An improved hidden Markov model for literature metadata extraction ［C］//international conference on intelligent computing，2010：205-212.

⑩ Liu R, Gao L, An D, Jiang Z, et al. Automatic Document Metadata Extraction Based on Deep Networks ［C］//Natural Language Processing and Chinese Computing，2018：305-317.

法，通过训练语料并建立样本的输入与输出之间的关系来预测论文信息所属分类。

在线的论文表示最早基于 HTML 格式表达。学术界推出如 Scholarly HTML①、PubCSS②、RASH③ 等专门面向学术论文在线表示的规范，但它们并未得到广泛推广，原因是 XML 的出现。XML 不仅具备良好的格式化组织，同时具有更加丰富的语义表达，因此受到数据库商的青睐。JATS④ 和 Elsevier XML DTD⑤ 成为学术领域最为普及的 2 类论文数据交换格式。它们均对论文中的主要元数据字段（标题、作者、机构、摘要、关键词、出版时间、项目、正文、引文等）进行标签定义。JATS还为图表对象、补充数据提供标签，基于这些标签能够抽取到论文元数据、补充数据、图表引用信息。

PDF 格式论文中抽取论文元数据分两类方式。第一类是模式匹配或规则抽取。基于文档布局、字体、位置、文本特征等，人工构建论文元数据模式，使用启发式或正则表达式来抽取论文元数据⑥。第二类是将 PDF 转换为特定格式的 XML 文档。

总结来看，论文元数据的抽取主要有两种方式。第一种方式是基于规则的元数据抽取。PDF 和 XML 格式论文均可采用此方式。XML 格

---

① W3C. scholarly-html［EB/OL］.［2023-05-02］. https：//github. com/w3c/scholarly-html.

② Thomas, P. Pubcss［EB/OL］.［2023-05-02］. https：//github. com/thomaspark/pubcss/.

③ Peroni S, Osborne F, Iorio A D, et al. Research Articles in Simplified HTML：a Web-first format for HTML-based scholarly articles［J］. Peerj Computer science, 2017, 3（194）：e132.

④ Journal Article Tag Suite（JATS）［EB/OL］.［2023-05-02］. https：//jats. nlm. nih. gov/.

⑤ Elsevier XML DTDs and transport schemas［EB/OL］.［2020-05-02］. https：//www. elsevier. com/authors/author-schemas/elsevier-xml-dtds-and-transport-schemas#DTD-5. 6. 0

⑥ Jahongir A, Jumabek A . Rule Based Metadata Extraction Framework from Academic Articles［EB/OL］.［2023-05-02］. https：//arxiv. org/ftp/arxiv/papers/1807/1807. 09009. pdf.

式自带规则框架，因此很容易抽取相关元数据。PDF 格式则需要人工构建启发式或者规则，基于模式匹配来抽取①；或者利用工具将 PDF 转换为 XML 文档，基于 XML 字段来抽取元数据，如 PDFX②。第二种方式是基于机器学习，其通过训练样本并建立样本的输入与输出之间的关系来预测新数据所属分类。研究者们常采用的分类算法包括 SVM③、条件随机场④、隐马尔可夫模型⑤、深度神经网络⑥等。

二、数据信息抽取

数据信息主要指论文中补充数据材料，它在一定程度上满足科研资助机构、期刊以及作者对于科学数据获取的需求。尽管它隐藏在文章的末尾部分，多数指向下载 PDF、WORD、XSL 等格式内容的链接，但其对于研究人员评估研究结果可重复性有着重要作用。学术图表作为一类特殊的科学数据，它可能直接是补充数据的一部分，或者是补

① Min Yuh Day, Richard Tzong Han Tsai, Cheng Lung Sung, et al. Reference Metadata Extraction Using a Hierarchical Knowledge Rep-resentation Framework ［J］. Decision Support Systems, 2007 (43): 152-167.

② 陈俊林, 张文德. 基于 XSLT 的 PDF 论文元数据的优化抽取 ［J］. 现代图书情报技术, 2007 (2): 18-23.

③ Kovacevic A, Ivanovic D, Milosavljevic B, et al. Automatic extraction of metadata from scientific publications for CRIS systems ［J］. Program Electronic Library & Information Systems, 2011, 45 (4): 376-396.

④ Lopez, P. GROBID: combining automatic bibliographic data recognition and term extraction for scholarship publications ［C］//Research and Advanced Technology for Digital Libraries, 13th European Conference, 2009: 473-474.

⑤ Cui, B, Chen, X. An improved hidden Markov model for literature metadata extraction ［C］//Advanced Intelligent Computing Theories and Applications, 6th International Conference on Intelligent Computing, 2010: 205-212.

⑥ Liu R, Gao L, An D,, et, al. Automatic Document Metadata Extraction Based on Deep Networks ［C］//Natural Language Processing and Chinese Computing, Springer, 2018: 305-317.

充数据浓缩精华。而补充数据关联着文献、科学数据集。因此，基于学术图表引用补充数据的关联，能发现同数据源的其他图表或文献。由于现有科技文献中补充数据并非必须字段，且不同数据库平台对补充数据表示不一，因而目前尚未有人专门研究补充数据信息抽取。Kafkas S 挖掘 Europe PMC FTP 上 41 万篇 XML 格式论文，通过</ supplementary-material>元素和数据库登录号等方式筛选，发现 16.8%的文章包含可转换格式的补充数据①。李姣②、赵梦男③等均基于 XML 全文分析模式对文章中引用科学数据情况实施统计，但未针对补充材料项实施抽取。

三、图表引用信息抽取

图表引用包括引用文献和引用补充材料，它们在图表上下文提及内容及图表注释等部分均可出现。在抽取上下文提及内容和图表注释的基础上，同样可基于 XML 中的字段（如 ref，suppl）或规则（如引用位置的上角标，作者名，fig/table S number）来抽取。尽管目前尚未有专门针对图表引用信息抽取的研究，但此任务与文本中引文发现和抽取类似。多数学者关注引文数据的抽取，如 Eli 等从已经存在的领域

---

① Kafkas S，Kim J H，Pi X，et al. Database citation in supplementary data linked to Europe PubMed Central full text biomedical articles［J］. Journal of Biomedical Semantics，2015，6（1）．

② Li，J，Zheng，Si，Kang，H，et al. Identifying Scientific Project－generated Data Citation from Full-text Articles An Investigation of TCGA Data Citation［J］. Journal of Data and Information Science，2016（2）：32-44.

③ Zhao M N，Yan E，Li K. Data set mentions and citations：A content analysis of full-text publications［J］. Journal of the Association for Information science & Technology，2017，69（1）：32-46.

训练集元数据中自动生成模板，从而实现无监督的引文元数据抽取①；Peng 等基于条件随机场算法从 Cora 数据集中抽取引文元数据取得不错效果②。部分学者对引文发现进行研究，如高良才等通过构建融合序号规则、内容规则、标点符号规则的特征集合从文本中发现、分割及标注引文信息③。还有学者研究引文上下文的抽取，如 He 等采用语言模型来定位引文内容，并采用了文献不同部分的上下文相似度以及给定的引文内容聚类及概率模型的主题相关性来计算引文相关度值④。

① Cortez E, Silva A S D, Mesquita F, et al. FLUX-CiM: Flexible Unsupervised Extraction of Citation Metadata [C] //Proceedings of the 7th ACM/IEEE-CS joint conference on Digital libraries, ACM, 2007: 215-224.

② Peng F C, McCallum A. Accurate Information Extraction from Research Papers using Conditional Random Fields [C] //Proceedings of the Human Language Technology Conference of the North American Chapter of the Association for Computational Linguistics, Association for Computational Linguistics, 2004: 329-336.

③ 高良才, 汤帜, 陶欣, 房婧. 一种自动发现、分割与标注引文元数据的方法 [J]. 北京大学学报 (自然科学版), 2010, 46 (06): 893-900.

④ He Q, Kifer D, Pei J, et al. Citation recommendation without author supervision [C] //Proceedings of the fourth ACM international conference on Web search and data mining, ACM, 2011: 755-764.

第五章

基于学术图表本体的语义标注

第一节 图表语义标注

一、标注与语义标注

"标注"一词的含义很多，它可以是对文本特定部分所添加的形式注释，也可以是附加数据到其他类型的数据上。本研究将标注定义为为数字对象（包括文本对象和非文本对象）添加注释数据，帮助人或机器增强对其的理解。根据标注形式不同，可分为非形式化标注、形式化标注（如元数据标注）及语义标注三种。

语义标注是指为信息资源增加形式化、语义注释，其形式化语义内容来源于本体，也称为基于本体的语义标注。语义标注不仅代表本体知识转化为语义注释的过程（包括信息抽取和实例标注），也代表上述过程产生的语义注释数据。语义标注将信息资源所隐藏的语义知识显现地揭示出来，使这些内容更加容易被发现、关注及应用。

学术图表的语义标注是指基于本体对科技文献中图表信息内容实

施语义组织、揭示语义关联，进而形成语义标注内容。

区别于计算机领域图像语义标注是基于图像底层视觉信息及图像内容信息建立视觉信息和图像高层抽象语义间关系的标注，本研究的学术图表语义增强标注把图表描述文本信息（标题、图表注释、图表上下文）结合图表视觉特征信息作为语义增强来源，并基于学术图表本体揭示图表语义内容，以此实现增强图表发现。

区别于基于元数据组织框架的图表元数据标注和基于领域词表的图表语义标注，本研究基于自建的学术图表应用本体语义表示图表信息，深度挖掘图表描述文本信息中隐藏的语义，继而实施语义标注。

二、图表语义标注类型及研究

图表标注是建立图表组织模型和图表语义信息内容关联，并产生标注数据的过程。图表信息组织模型为图表标注提供语义描述框架，不同的信息组织模型对应不同的图表标注数据。学术图表元数据标注是用元数据方式组织学术图表的语义信息来源，并以 HTML 或 XML 方式展示为形式化标注内容，例如 CNKI 的图片检索展示的图片条目便是如此。学术图表分类标注是将图表视觉信息标注为人和机器可读的文本型的形式化标注内容，例如 ReVision 工具产生的图类型标注结果。学术图表语义增强标注以本体为形式化语义来源，以 XML、RDF、关联数据等方式展示为语义标注内容。

元数据标注是目前主流的学术图表标注方式，上文提到的 CSA llustrata、Open-i、TableSeer、CNKI 图片检索等均实践了元数据标注方式。图表分类标注通常会和元数据方式相结合，共同展示于图表发现平台中，例如 CNKI 图片检索就提供了学术图像分类的元数据标注。在语义标注方面，现有研究多数以领域知识组织体系为语义组织框架对学术图表进行标注。

从实现方式来看，图表标注可分为人工标注和自动标注两大类型。例如，CSA llustrata 抽取文献中的图片后，人工对其进行元数据标注，并建立独立索引，此方式存在图片与上下文分离以及耗费大量人力这两个问题①。在医学领域，大量的临床图片以照片或插图方式存在，以人工标注结合机器自动学习传播实现图片语义标注。如 Human Brain Project（HBP），通过人工将图片特定区域和受控词表中的概念进行标注和关联②。又如 EMAP（The Edinburgh Mouse Atlas Project）对老鼠胚胎的 3D 图片和 2D 组织切面进行标注，标注的内容包括图片的解剖学概念标注以及基于图片颜色显示和体素的基因位点及蛋白质表达标注，利用已有的人工标注，在边缘识别和相邻部分组织识别定位基础上，对相似解剖图进行自动标注③。

自动语义标注在学术表格中实践较多。DBpedia 利用 PDF 文档解析工具 PDF. js 和自定义抽取算法将 PDF 文档中人工选中的表格转换为 CSV 格式，然后利用 CSV‒To‒RDF 转换工具结合嵌入本体（如 DBpedia、FOAF 或自定义）实现对抽取出来的表格数据进行半自动的

① 　Tenopir C，Sandusky R，Casado M. The value of CSA deep indexing for researchers（executive summary）［J］. School of Information Sciences Publications and Other Works，2006：1.

② 　Gertz M，Sattler K U，Gorin F，et al. Annotating scientific images：A concept‒based approach ［C］//Scientific and Statistical Database Management，2002. Proceedings. 14th International Conference on. IEEE，2002：59-68.

③ 　EMAGE. Data Annotation Methods ［EB/OL］.［2015‒11‒02］. http：//www. emouseatlas. org/emage/about/data_annotation_methods. html#auto_eurexpress.

语义标注①。Huiping Cao 等通过构建观测事件模型，借助本体工具，利用规范化的观测术语、实体对象，将观测数据表格转化为可理解的事件，从而进行语义标注②。J. Madin 等构建了可扩展的观测本体（extensible observation ontology，OBOE），该本体由观测、度量、实体、特征和度量标准5个核心概念构成，不仅可以描述每项观测变量的上下文环境以及观测值之间的相互关系，还支持鲁棒性的单位描述和换算以及领域词汇扩展③。C. Berkley 等对生态学领域用 EML 描述的一维表数据实施语义描述，首先采用 OBOE 本体描述数据结构（即区分观测、度量、上下文和实体并识别它们之间的关系），然后识别每个度量的特性、标准、度量值和条件，最后进行领域本体扩展④。开放城市数据平台利用城市数据模型本体（city data model ontology）将不同来源的数据转换为 RDF 数据，转换时根据一维表数据的特点（每一行对应一个城市，每一列对应一个统计指标），将每一行的数据映射到 CityDataContext 类的一个实例，每一列映射到一个属性⑤。

人工标注准确度高，但耗费大量的人力、物力。面对大规模图表

① Takis J, Islam A Q M, Lange C, et al. Crowdsourced semantic annotation of scientific publications and tabular data in PDF［C］//Proceedings of the 11th International Conference on Semantic Systems. ACM, 2015: 1-8.

② Cao H, Bowers S, Schildhauer M P. Approaches for semantically annotating and discovering scientific observational data［C］//Database and expert systems applications. springer berlin heidelberg, 2011: 526-541.

③ Madin J, Bowers S, Schildhauer M, et al. An ontology for describing and synthesizing ecological observation data［J］. Ecologicalinformatics, 2007（2）: 279-296.

④ Berkley C, Bowers S, Jones M B, et al. Improving data discovery for metadata repositories through semantic search［C］. International conference on complex, intelligent and software intensive systems. Fukuoka: IEEE, 2009: 1152－1159.

⑤ Bischof S, Martin C, Polleres A, et al. Collecting, integrating, enriching and republishing open city data as linked data［C］//International conference on the semantic Web－ISWC 2015. Berlin: Springer, 2015: 58-75.

标注任务时，自动标注在速度、规模处理上具有明显的优势，但需要借助机器学习算法以及语料训练。自动标注并不适合所有的标注任务。在学术图表的标注任务中，像图表的类型、描述性元数据、主题、章节、引用、实验信息等可以采用机器学习算法（如支持向量机、卷积神经网络等）来实现自动标注，而图表特征、图表参数、图表对象及维度等内容标注，还需要人工标注参与以提高精准度。

三、学术图表语义实例标注

学术图表语义实例标注是建立抽取内容和 AFAT 本体间关联的过程，关联过程需要基于不同特征实施不同的实例标注方式。基于文本特征的语义实例标注又分为基于规则和基于机器学习两种类型，而视觉特征通常联合文本特征来进行语义实例标注。

（一）基于规则的语义实例标注

基于规则的语义实例标注方法易于理解和操作，适用范围广，对于特定概念或关系标注，若规则设计得当，能得到不错的标注结果。

在本研究中，对于概念的数据属性标注可以采取基于规则的方法来语义标注。具体的做法是基于人工标注总结相关信息抽取规则或正则表达式，将基于规则抽取后的文本对应标注为数据属性标注实例。例如，基于 XML 格式抽取出论文的标题、作者、关键词等文本内容后，可以依据规则将其标注为论文标题、论文角色、论文关键词等数据属性。

基于规则的语义标注还可以用于语义关系标注中，例如学术图表的同证关系可以基于规则"同一段落内存在两个不同的图表标识，即这两个图表间存在同证图表关系"来进行标注。

(二)基于文本特征的机器学习语义实例标注

基于机器学习的自动标注方法适用于大规模语义标注任务。通过预训练模型或者大规模标注语料提供的特征，计算机能够借助不同的算法学习特征并实现标注类别的分类。

特征的选择和确定对标注结果精准度影响很大。学术图表的图表功能信息概念及下位概念实例标注需要借助抽取文本的文本特征，这些文本特征来自所抽取内容的语境、位置、形态、语法功能等。

通常而言，面向不同的标注模型，构建的标注特征集也不一样，这些特征是在他人研究经验、个人经验以及实验基础上丰富和完善才获得的。Liakata 基于 CoreSC 模型，将科技文献中核心科学概念的文献特征分为 18 项内容，包括内容特征、绝对位置特征、段落结构特征、片段结构特征、句子长度特征、引用特征、历史顺序特征、动词语法特征、动词类特征、句子成分特征等。Teufel 基于 AZ 模型研究语篇元素特征，该特征集合包括了内容特征、绝对位置特征、段落结构特征、句子长度特征、动词语法特征、引用特征以及元话语特征 7 个维度，每个维度还可进行详细的指标设计细化，形成 16 个可计算特征项。于改红将研究型语篇元素自动标注的特征归纳为位置特征、内容特征、结构特征、语法特征、语义特征和引用特征等 6 项[①]。

研究总结相关文本特征，将学术图表标注的文本特征分为 11 项（如表 5-1 所示。）

---

① 于改红. 研究型论文的功能性语篇元素自动标注方法研究［D］. 北京：中国科学院大学. 2019.

表 5-1 学术图表语义标注特征

特征	特征解释	标注 AFAT 本体对象	案例
段落位置特征	指语句在段落中的位置,例如在段落首句或段落尾句	用于标注学术图表实验信息等内容	如实验目标多出现在段落首句,实验方法和实验结果多在中间,实验结论多出现在段尾
句子顺序位置特征	指语句出现的顺序特征	用于标注学术图表实验信息	如实验方法一般出现在实验目的后,实验结果出现在实验方法后
图表出现位置特征	指图表所处的章节片段位置	用于标注论文语篇单元	如 Main、Background、Introduction 等章节表示论文背景
形态特征	指图表在形态上的特征,特征来源于图表分类结果	用于标注学术图类型,还可用于图表特征标注	例如散点图通常指示分组特征,流程图指示流程特征
动词特征	对一些特殊的动词语义类关系进行定义	标注图表实验信息、图表特征	例如 indicate、suggest、imply、reveal、show、demonstrate 等动词通常指证实验结论内容
引用特征	指文本中一些表示引用的成分	用于标注学术图表与其他信息资源(如文章、补充材料)的引用关系	例如 Supplementary 指证了补充材料;[15]指引用第 15 篇参考文献
形容词特征	文本中的形容词的比较级和最高级	标注图表特征、实验结果等	如 than、bigger、more、most 等比较级代表了图表实验结果,也指示比较特征
特殊名词特征	对一些特定的专有名词进行语义类别确定	标注图表实验信息	比如研究方法中 PCR 等,又如温度、经纬度、密度、剂量等单位通常指示了实验背景
句子模式特征	指特定类别表达句式模式特征	标注图表实验信息、图表特征、图表对象、图表维度等	例如标题结构特征,AA of BB,AA 通常表示度量维度,BB 则是图表对象;描述对比特征时会使用"our approach differs from";描述实验目的时会使用"To ..."句式;"There were..."通常指示了统计特征
名词特征	文本中的名词	图类别、图类型等	如 fig、table 用于识别图表类别
语态特征	一些特定句子语态和语义类别有对应关系	图表实验信息、图表特征等	如 whereas、while 等转折语态通常表示对比特征

基于上述文本特征，机器学习算法可以学习特征并自动进行语义标注。目前有多种机器学习算法可用于语义标注，像传统的机器学习算法如支持向量机、决策树，神经网络学习如 CNN、RNN、ANN 等，预训练模型—迁移学习方法如掩藏句子模型算法（BERT）、ELMo 等。其中，BERT 模型在学术文本的功能性语篇元素分类任务上表现优良。学术图表的图表实验信息分类借鉴了文本功能性语篇元素分类，因此本研究选择 BERT 模型算法来实验学术图表的图表实验信息及图表特征信息的自动语义标注。

（三）图像视觉特征联合文本特征的机器学习语义实例标注

学术图像具有视觉特征，学术图表本体中学术图表分类和媒体类型概念需要基于视觉特征并结合文本内容来进行语义标注。

图像视觉特征既含有图像的底层特征，又包括图像内文本特征。图像底层特征包括线、点、角、弧等纹理特征，灰度特征，颜色密度特征，像素邻域特征，偏度差异等等；图像内文本特征包括文本的位置、大小、角度方向和内容地区等。

AFAT 本体中学术图表分类和媒体类型概念可基于文本特征进行语义实例标注。复合图是学术图表的重要媒体类型，前文已研究了基于文本特征的复合图识别。此外，多个领域的图像分类文献均证明图像的标题及图注文本对图像分类的关键作用，部分论文会直接在标题及图表注释文本中标识学术图表的类型，例如 Histogram、Pie Graph、heat map。部分特定类型学术图像和文本存在高度关联关系，例如 PCR、gel 等词通常指示图像类型为凝胶图或包含凝聚图的复合图，microscopy、MRI 指示成像图，model、box 通常指示了示意图，response、measure 通常指示了图型。

基于视觉特征和文本特征，可以采用多种机器学习算法进行媒体类型的语义标注，就目前情况来看，神经网络学习的机器学习算法在媒体类型标注中精准性最高。

第二节 基于学术图表本体的学术图表
人工语义增强标注

人工标注是最早应用于标注数据集构建的方法。尽管大规模标注实施受限于人力和时间等成本因素，但鉴于其标注准确性高、标注技术门槛相对较低的优势，人工标注受到研究者的青睐。

开展基于 AFAT 本体的人工学术图表语义增强标注有四方面的意义。第一，通过人工语义标注可以验证 AFAT 本体元素在科技论文学术图表信息中的覆盖度；第二，基于人工标注过程及数据，可以进化学术图表本体，优化本体元素与关系设置（此部分内容在上一章节已经叙述）；第三，梳理学术图表语义增强标注的技术过程，并确定核心技术点，通过人工标注来分析学术图表的多模态特征，进而为后续自动抽取和标注提供特征内容；第四，目前暂时没有专门的学术图表语料库，人工构建的语义标注数据集可以作为标准数据集，为自动语义标注实验提供基准标杆。

本研究共进行 2 次人工标注实验，第 1 次实验性标注 32 篇论文共计 238 个学术图表，对初始 AFAT 本体实施进化，详见第三章第四节内容。第 2 次基于进化后的 AFAT 本体人工标注 132 篇论文中 1006 个学术图表，验证本体有效性。下面介绍第 2 次人工标注的流程及标注数据分析。

一、人工语义标注流程

人工语义标注遵循一定的流程，并对标注结果进行检验以保证数据集的可信度。人工语义标注的流程如图 5-1 所示，步骤包括选取标注样本、选择标注工具、确定标注框架及编码、标注检验以及标注分析等。

二、人工语义标注实验数据

本研究选取的标注样本是来源于 PMC 中 Open Access 的英文水稻全文文献。

虽然标注框架是面向所有领域应用，但选择特定领域的科学论文及学术图表进行分析更有利于集中反映和说明标注框架的性质及问题，也利于其他领域参考标注框架如何应用于实践的过程。水稻领域是全球性的领域，其文献数量众多，同时研究范围兼顾人文角度（如农耕管理、粮食安全）、科技角度（如病虫害防控、转基因表达等），因此本研究以水稻领域文献为标注样本对象。

在语言方面，由于科技论文中英文文献比例最大，同时使用最广，为方便标注数据集更广泛的共享，选择英文文献作为样本。

此外，经过一定数量文献统计发现，水稻领域文献含有较多的图表数量和较丰富的图表类型，此特点符合标注实验的目标。

综合上述理由，本研究在 PMC 中以 "rice" 为文章主题词及图表

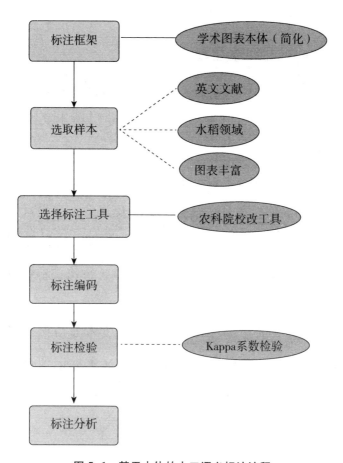

图 5-1 基于本体的人工语义标注流程

标题主题词，共发现 5 万余篇开放获取的水稻领域全文文献，以随机抽取的方式，抽取 132 篇 PDF 格式论文作为学术图表人工标注的样本对象。

值得注意的是，PMC ftp 中将 PMC 的 PDF 文献中的图表数据（全部图和部分表）进行分离，存储为独立的对象。

三、人工语义标注实验工具

本研究基于中国农业科学院农业信息研究所大数据分析中心提供的校改标注工具来进行人工标注。此工具专门用于文本标注，支持PDF内的划词提取。

该校改标注工具的标注编码采用元数据模式，并不支持基于本体的标注。为模拟得到本体中的概念、属性及关系，首先对文档及文档内的图表数据进行统一格式的编码，然后再按照一定的图表顺序及标注字段顺序进行编码，再通过后续的RDF语义转化，来得到语义标注结果。

添加标注的方式简单易操作，人工理解文本对应概念后，选中标注条目，使用光标选中文本范围即可将此段文本标记到对应元数据条目中，若标注对象为非文本类型，则可通过人工输入对象ID来建立关系。标注结果可通过标注平台导出为CSV格式的数据。

四、基于AFAT本体的人工语义标注框架

人工标注框架是在AFAT本体基础上精简而来，为了避免数据不一致，本章中人工标注和自动标注都采用同样的标注框架。

标注框架虽以AFAT本体为基础，但非全部应用AFAT本体。因为本体关注概念、概念关系及公理，且其顶层本体的概念主要用于与其他本体交互，而学术图表语义增强标注聚焦于学术图表的发现，更多关注标注实例所属概念以及实例间的关系。人工标注对本体中的80个类（80/141），41个关系属性（41/65），24个数据属性（24/53）进行

标注。表5-2展示了人工标注的编码字段对应于AFAT本体情况。

表5-2　AFAT本体在人工语义标注中的编码应用

子集	子集标注字段	对应本体类	对应数据属性或关系属性
论文	article_title	AFAT#article	AFAT#article_title
	DOI		AFAT#DOI
	article_keyword		AFAT#article_keyword
	pubilication_date		dc：date
	format		dc：format
	dc：subject		dc：subject
	is_outcome_of		AFAT#is_outcome_of
	cite document		AFAT# cites
	author		AFAT# has_role
	supplymentary_data_ID		AFAT# has_supplymentary_data
	AFAT_ID		AFAT# has_ATAF
人	full name	AFAT#person	AFAT#name
	email		AFAT# email
	role type		AFAT # author，AFAT # editor，AFAT# reviewer
	is_author_of		AFAT# is_role_of
	organization		AFAT# affiliation
机构	preferred label（en）	AFAT# organization	skos：preferred label
	organization type		AFAT#university，AFAT#research_Institute，AFAT#government_organization，AFAT # enterprise，AFAT# department，AFAT# association
	country		AFAT# country
	employs		AFAT# employs
	is unit of		SIO_000222

子集	子集标注字段	对应本体类	对应数据属性或关系属性
项目	project_ID	AFAT# project	AFAT#project
	project_title		AFAT# project_title
	start_time		AFAT# start_time
	end_time		AFAT# end_time
	subject		dc：subject
	financedBy		AFAT# financedBy
	has_process_status		AFAT# has_process_status
	has_scientific_study_type		AFAT# has_scientific_study_type
	has member		SIO_000059
基金	preferred label（en）	AFAT# funding	skos：preferred label
	country（cn）		AFAT# country
	alternativeName		dcterms：alternativeName
	preferred label（cn）		skos：preferred label
	establishedBy		AFAT# establishedBy
	project_ID		AFAT# finances
补充数据材料	supplymentary_data_title	AFAT# supplymentary_ data	AFAT# supplymentary_data_title
	supplymentary_data _description		dc：description
	format		dc：format
	URL		AFAT# URL
	is_supplymentary_data_of		AFAT# is_supplymentary_data_of
图表特征	characteristics _ description	AFAT# AFAT_ characteristics	dc：description
	AFAT_ID		AFAT# is_AFAT_characteristics_of
图表实验信息	experimental_information _ description	AFAT_experimental_ information	dc：description
	AFAT_ID		AFAT#is_experimental_information_of

子集	子集标注字段	对应本体类	对应数据属性或关系属性
学术图表	AFAT_Title	AFAT# academic_multiple_figures, AFAT# academic_single_figure, AFAT# academic_table	AFAT# AFAT_Title
	AFAT_annotation		AFAT# AFAT_annotation
	AFAT_mention		AFAT# AFAT_mention
	AFAT_object		AFAT# AFAT_object
	AFAT_subobject*		AFAT# AFAT_subobject
	AFAT_measure		AFAT# AFAT_measure
	AFAT_submeasure		AFAT# AFAT_submeasure
	is_ATAF_of		AFAT# is_ATAF_of
	has_form		AFAT# has_form
	cite document		AFAT# cites
	citesupplymentary_data		AFAT# cites
	locate_in		AFAT# locate_in
	characteristics type		AFAT# has_AFAT_characteristics
	has_backgroud		AFAT# has_backgroud
	has_conclusion		AFAT# has_conclusion
	has_goal		AFAT# has_goal
	has_method		AFAT# has_method
	has_result		AFAT# has_result
	Co-Evidence		AFAT# Co-Evidence
	has_subfig		AFAT# has_subfig
学术子图	AFAT_subtitle	AFAT# academic_subfigure	AFAT# AFAT_subtitle
	AFAT_sub-measure		AFAT# AFAT_sub-measure
	AFAT_sub-object		AFAT# AFAT_sub-object
	AFAT_annotation		AFAT# AFAT_annotation
	is_subfig_of		AFAT# is_subfig_of
	has_form		AFAT# has_form
媒体	figure_type	SIO_000080	标注49种图类型实例，此处不列举

五、人工语义标注检验

人工标注需要检验标注结果以确保标注的准确性。标注检验通常是多人独立采用同样方法对同样样本进行标注，随后统计标注结果进行一致性检验，所用系数一般是 Kappa 系数①。Kappa 系数分为 5 组来表示不同级别的一致性：0.20 及以下为"极低一致"、0.21—0.40 为"一般一致"、0.41—0.60 为"中等一致"、0.61—0.80 为"高度一致"和 0.81 以上被认为是"几乎完全一致"。当 Kappa 系数达到 0.81 以上，即说明标注框架功能明确、独立，不容易产生歧义。

本研究在人工标注样本数据集中随机抽取 5 篇论文，由本人及其余 2 名研究生分别独立进行标注，随后将标注样本数据集的准确性数据导入到 SPSS 中，经计算所有类目的一致性系数平均为 85%，部分功能明确的一致性系数为 100%，因此人工标注结果是准确的。

六、基于 AFAT 本体的学术图表人工语义增强标注数据分析

根据上述流程，本研究对 132 篇 PMC 英文水稻领域文献中的 1006 个学术图表对象进行人工语义标注并分析标注结果。

（一）AFAT 本体类目的整体统计

基于本体类，标注形成 29 个标注子集，例如论文子集、作者子集、机构子集、学术单图子集、学术复合图子集、学术子图子集、学术表格子集、实验信息子集、图表类型特征子集等等。每个子集中包含实例相关的数据属性和关系属性等内容。表 5-3 展示了人工标注数据子集的标注数据数量。

---

① Hider P, Pymm B. Empirical research methods reported in high-profile LIS journal literature [J]. Librar y&Information Science Research, 2008, 30 (2)：108-114.

表 5-3 人工标注数据整体分布

AFAT 本体类	标注条目数量	标注数据属性或关系个数	总标注数据量
article	492	14	3114
person	973	6	5757
organization	330	5	1662
project	287	9	628
funding	139	7	610
supplymentary_data	578	6	3020
academic_single_figure	196	22	2538
academic_multiple_figures	587	23	8356
academic_subfigure	215	7	1400
academic_table	223	21	2826
experiment_background	33	5	104
experiment_conclusion	651	5	1958
experiment_method&processs	781	5	2348
experiment_purpose	275	5	830
experiment_result	2007	6	8034
合计	7767	146	43185

（二）AFAT 期刊论文类标注统计

为了解标注框架中论文相关属性的覆盖度，表 5-4 统计了 132 篇论文对象涉及的主要数据属性、关系属性的标注比例。

表 5-4 期刊论文数据属性及关系属性标注比例

标注类目	标注数量	标注比例
论文标题	132	100%
DOI	132	100%

续表

标注类目	标注数量	标注比例
关键词	92	69.7%
出版日期	132	100%
主题	132	100%
项目	109	82.6%
作者	132	100%
机构	132	100%

基于人工标注发现，学术图表本体中的论文相关对象及属性的覆盖比例均比较高，多数比例为100%，最低的关键词属性类目也达到将近70%的比例。

（三）AFAT学术图表类标注统计

学术图表类包括学术单图、学术复合图、学术表格三种子类。为了解本体框架中对象及属性存在的合理性，表5-5统计它们的数据属性及关系属性的覆盖比例。

表5-5　学术图表数据属性及关系属性标注比例

标注类目	标注数量	比例
图表标题	1006	100%
图表注释	861	85.6%
图表上下文	1006	100%
图表媒体类型	783	100%
图表对象	892	88.7%
图表子对象	477	47.4%
图表子维度	434	43.1%
图表所在篇章	1006	100%
图表引用文献	157	15.6%

标注类目	标注数量	比例
图表引用补充材料	367	36.5%
图表实验信息—实验背景	33	88.7%
图表实验信息—实验目的	234	22.3%
图表实验信息—实验方法	564	56%
图表实验信息—实验结果	925	92%
图表实验信息—实验结论	651	64.7%
图表实验信息整体	998	99.3%
图表特征	925	92%
同证图表	350	34.8%
图表维度	859	85.4%

从图表类型看，实例所覆盖类目在学术单图类型中平均数为 10.7 个、学术复合图平均数为 12 个、学术表格平均数为 10.4 个。从整体看，不同学术图表类型在各类目上比例覆盖区别不大。分析学术图表相关类目同时标注的覆盖情况，发现图表相关的 18 个类目中，1 张图表最多同时 17 个类目有标注数据（未全部 18 个类均标注的原因是没有实例能满足 5 个实验信息均标注），平均同时标注类目 11 个，一半以上的图表记录同时标注条目为 12 个以上，仅 56 个图表对象的标注条目在 9 个以下，这表明标注框架能够较好地覆盖不同类型的图表对象。

从单类型的类目覆盖度看，人工标注框架内的所有类目均有数据。从覆盖比例看，图表标题、图表上下文提及、图表媒体类型等条目达到 100% 的覆盖。学术图表中至少有一类图表实验信息的覆盖也达到 99%。

上述两方面的统计，一方面表明多数图表对象包含多类描述信息，这些信息能对应于标注框架中的概念与关系，另一方面图表标注框架的类目在图表语义信息中能找到相对应的内容。因此，人工标注结果表明图表标注框架能够较为全面地描述图表对象语义内容，增强学术图表的语义发现效果。

（四）AFAT媒体类型类标注分布

人工标注的1006个图表中，其中包括学术表格对象223个（含复合表格4个），学术图像对象783个（学术单图196个，学术复合图587个）。

在学术单图中，本研究共标注了39个示意图、13个图像、142个图形。进一步分析发现，图形中的条形图、散点图、线性图及树形图是水稻领域文献中较为常用的学术图像类型。详细的学术单图统计分析如表5-6所示。

表5-6　学术单图人工标注数量统计

单图类型	类型细分	数量
示意图	—	39
图像	—	13
图形	条形图	38
	散点图	28
	线状图	15
	树形图	13
	热力图	10
	地图	10
	网络图	7
	直方图	6
	饼形图	4
	箱形图	3
	基因结构图	3
	坐标图	2
	总计	142
其他	—	2

针对复合图像，本研究进一步分析其子图类型组合。587 个学术复合图像中，不同种类子图复合的比例如图 5-2 所示。

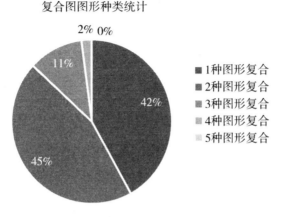

复合图图形种类统计

- 1种图形复合
- 2种图形复合
- 3种图形复合
- 4种图形复合
- 5种图形复合

图5-2 学术复合图人工标注统计

可见，复合图多数是由 2 种及以上不同类型图形复合组成。具体到复合图的子图类型，条形图是出现最多的复合图子图类型，几乎近一半（48.1%）的复合图中会使用不同类型的条形图。条形图和照片复合是水稻领域复合图常见的组合。其他类型图形出现频率见表 5-7。

表5-7 学术复合图的子图类型分布

子图类型	频率	复合图 个案占比	子图类型	频率	复合图 个案占比
条形图	283	48.10%	地图	13	2.20%
直方图	40	6.80%	坐标图	3	0.50%
散点图	62	10.50%	照片	119	20.20%
线状图	86	14.60%	凝胶图	59	10.00%
树形图	31	5.30%	序列图	44	7.50%
饼图	11	1.90%	成像图	55	9.40%

续表

子图类型	频率	复合图 个案占比	子图类型	频率	复合图 个案占比
网络图	14	2.40%	说明图	44	7.50%
热力图	46	7.80%	文氏图	21	3.60%
箱形图	10	1.70%	其他图形	17	2.90%

（五）AFAT 图表特征类标注分布

人工标注了 2007 个图表特征实例。在整体覆盖方面，比较特征是图表表现最多的特征，事实上，绝大多数类型的图表都可以表现出对比特征，其他特征的整体分布如表 5-8 所示。

表 5-8　图表特征标注分布

特征	标注数量	特征	标注数量
比较	1019	分布	153
统计	280	比例	83
关系	198	概念或流程	48
观察	175	趋势	51

在本体设计时，本研究提出图表类型和图表特征存在关联的假设。利用 SPSS 工具，对人工标注数据中的图表类型及特征进行交叉关联分析发现，图表类型与图表特征确实存在关联，例如条形图的主要特征是比较、比例，照片的主要特征是观察、比较，分布特征常见于散点图、热力图和树形图，趋势特征常见于线状图中，概念或流程特征主要出现在说明图内。具体交叉分析数据见表 5-9。

表5-9 图表特征与图类型交叉表

图类型	比较	统计	关系	观察	分布	比例	概念或流程	趋势
条形图	242	48	30	50	16	30	4	12
直方图	30	12	6	7	3	4	1	3
散点图	29	14	17	2	24	5	0	0
线状图	69	25	13	10	8	5	0	20
树形图	16	7	6	3	23	1	0	2
饼图	4	4	3	0	6	4	0	0
网络图	4	3	8	1	5	0	0	0
热力图	31	6	9	3	19	6	1	2
箱形图	10	5	3	3	1	0	1	0
地图	4	1	3	0	11	1	0	0
坐标图	1	0	1	0	3	1	0	0
照片	95	10	16	48	4	4	3	2
凝胶图	36	8	10	29	3	3	4	0
序列图	24	4	7	18	10	3	6	0
成像图	37	5	6	32	0	5	2	1
说明图	25	7	7	11	2	4	15	2
文氏图	12	14	3	0	3	5	0	1
其他图形	12	4	4	1	5	5	0	0

（六）AFAT图表实验信息类标注分布

从图表所处文献语篇元素看，大部分的图表分布在研究结果中（899），其次是研究方法（75），研究背景（14）和讨论部分（16）较少分布，而结论部分没有图表分布。

针对图表所含语义信息中的实验信息，可以发现大部分的图表描述内容中包含实验结果分析（93%），实验方法（56%）和实验结论（65%）也覆盖超过半数的图表。

第三节 基于学术图表本体的学术图表
自动语义增强标注

研究发现，PDF 格式和 XML 格式的图表语义增强标注实现方式存在差异，而将 PDF 格式转换为格式化的 XML 来实施图表抽取、图表信息抽取也是当前主流的方式。

本部分以 PMC XML 格式论文为对象，实证探索学术图表的自动语义增强标注，实验的步骤及工具技术如图 5-3 所示。

一、实验数据说明

本部分实验选取 PMC 中农业领域内水稻主题的 XML 论文，并以前文中人工构建的学术图表语义标注数据集为语料集，该语料集用于训练和测试。

PMC 是美国国立卫生研究院国家医学图书馆的免费全文档案，主要覆盖生命科学、医学/药学及综合学科，包含超过 600 万条全文记录，其所有全文记录同时 XML 格式和 PDF 格式文档。PMC 将论文中的学术图表和论文 XML 文本分别存储，其中论文 XML 文本采用 JATS 标准来描述。

PMC 的 XML 文档存储在 ftp 站点中，开展实验首先需要从 PMC 网站中检索获取"rice"主题文献的 PMC ID 列表，从 FTP 中下载获得列表文献压缩包。压缩包中存储 nXML 文档及学术图表数据，由于抽取工

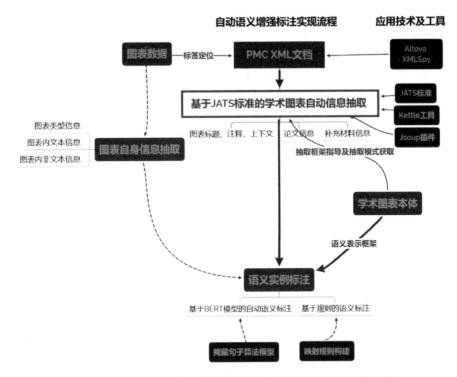

图 5-3 PMC XML 论文中学术图表自动语义增强标注实验步骤

具 Kettle 不支持 nXML 格式读取，所以需要利用 Altova XMLSpy 工具将 nXML 文档转为 XML 格式。

二、数据分析及 JATS 标准简介

PMC 的 XML 文档均基于 JATS 标准存储数据对象内容。JATS 是美国国立生物技术信息中心（NCBI）建立的、用于期刊全文电子文档和存档的通用数据交换格式，它为出版商和数据库厂商提供一种通用的期刊论文数据存储和交换的文档格式。它的前身是美国国家医学图书馆（NLM）下设的国立生物技术信息中心（NCBI）制定的 NLM DTD。DTD 定义了期刊数据 XML 标签，因而又被称为 NLM JATS 标签集。

2012 年，美国国家信息标准协会批准其为美国国家标准 NISO Z39.96（JATS 1.0）。2016 年，NISO 对其进行了版本更新。JATS 标准提供期刊 XML 文档的一系列 XML 元素和属性，它使得期刊文章能以一种通用格式进行描述。目前，JATS 标准已经在出版商（如 BioOne、Nature、PMC）、科技期刊（PMC 下几百种）以及图书馆（如大不列颠图书馆、美国国会图书馆、NIH）等领域广泛使用。国内沈锡宾等人在研究 JATS 标准的基础上，提出一套中华医学会期刊文档交换和存储标准（CMA JATS）①。

JATS 标准共包含 3 个标签库，每个标签库有其目的和使用范围。

（1）论文创作标签库（The Article Authoring Tag Set）为作者直接授权的内容提供了非常规范的格式。

（2）期刊出版标签库（The Journal Publishing Tag Set）比期刊存储和交换标签集对数据格式要求更加规范，它可以帮助出版商规范期刊数据以便在网页或纸质上展示。

（3）期刊存储和交换标签库（The Journal Archive and Interchange Tag Set）为出版商与数据库、数据库与数据库、出版商与出版商之间传输和交换期刊数据提供了标准上的保障。

JATS 最常用的期刊出版标签库包含 250 多个标签元素和 130 多个元素属性，其主要由 5 部分构成。（1）前置部分，含有期刊和论文的元数据内容，是必选部分；（2）主体部分，存储文章正文部分的内容信息，为可选部分；（3）后置部分，存储术语表、参考文献或附录等的辅助信息，是可选部分；（4）浮动部分，文章主体和后置部分引用

① 沈锡宾，李鹏，刘冰，等.CMA JATS 在中华医学会杂志社数字出版中的三年实践总结[J].中国科技期刊研究，2018（3）：248-252.

的图和表、对文章的评论等，是可选部分；（5）评论或次级论文，涵盖编辑的总结、读者反馈、作者对同行评议内容的反馈、文章的次级论文等，是可选部分。其中主体部分以章节（sec）形式涵盖 26 个元素，这 26 个元素中很大部分是专门针对科技文献中出现频繁的图片（图<fig>、图组<fig-group>、文本框<boxed-text>）、表格（表格排列<array>、列表<list>、表格<table-wrap>）、数学公式等进行定义。图 5-4 总结了 JATS 的主要元素及层次关系。

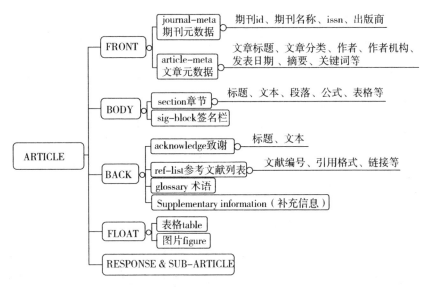

图 5-4　JATS 标准的主要元素及层次关系

基于这些标签定义，借助 Kettle 工具，可以从 PMC 文献中检测学术图表及抽取学术图表相关的语义来源信息。

三、实验目的与 AFAT 本体在实验中的应用

本部分实验是在 XML 格式论文中基于 AFAT 本体对学术图表实施自动语义增强标注，主要目的是验证基于 AFAT 本体自动语义增强标注

的可行性。

鉴于 PMC 已将学术图表与文本分离，并通过图表文件标题和 XML 中标签字段建立关联，因此学术图表语义增强标注的图表定位及抽取步骤通过标签定位即可完成。

本部分实验主要针对自动语义增强标注的信息抽取与语义实例标注两个步骤，具体包括三个小实验。

实验一：基于 JATS 标准的学术图表自动信息抽取。该实验以 PMC XML 文档为对象，遵循 JATS 标准标签，借助 kettle 工具，从 XML 格式论文中抽取学术图表内容信息（标题、注释、上下文提及）、论文信息（标题、ID、作者、机构、DOI、论文语篇单元等）、补充数据材料（标题、描述、格式等）等。

实验二：基于规则的学术图表语义实例标注。总结语义标注规则，结合实验一的抽取结果，通过构建规则将部分自动抽取内容标注为 AFAT 本体实例。

实验三：基于掩藏句子模型的学术图表语义实例标注。本实验采用掩藏句子模型的机器学习算法，通过训练、机器分类学习，基于实验一抽取的学术图表内容信息，对 AFAT 本体中的图表实验信息及图表特征概念进行自动语义标注。

AFAT 本体在学术图表自动语义增强标注的自动信息抽取及语义实例标注两个步骤均发挥了作用。

在自动抽取步骤中，AFAT 本体发挥了抽取框架指导及抽取模式获取的作用。本实验通过解析 AFAT 本体，确定 AFAT 本体中对象、对象数据属性、对象关系属性与 XML 标签的模式匹配关系，形成抽取规则。

在语义实例标注步骤中，AFAT 本体为抽取的信息提供语义表示框架，或基于规则或基于机器学习，将抽取内容转换为 AFAT 本体的对象、对象数据属性、对象关系属性语义标注实例。

四、实验过程

（一）基于 JATS 标准的学术图表自动信息抽取

在 Kettle 工具中，针对不同内容的抽取，基于 AFAT 本体构建不同的抽取模式。

1. 构建 "XML 加载—Jsoup Parser-获取 ID—Jsoup Parser-解析图—excel 输出" 抽取流程，抽取学术图表信息（ID、图表标题、图表注释、所处篇章），论文信息（论文标题、论文 ID、作者姓名、作者邮箱、机构、DOI、关键词、项目等），补充数据材料信息（数据标题、数据描述、数据格式等）等。

其中，步骤 "Jsoup Parser-获取 ID" 解析 XML 文档中的论文 ID，并基于 XML 格式获取标签 ID；步骤 "Jsoup Parser-解析图" 根据 XML 标签 ID、Path、节点类型、内容属性等特征，在 AFAT 本体指导下，对应形成信息抽取模式，如图 5-5 展示了图序号、图注释、图标题、图存储 ID 等字段抽取模式。

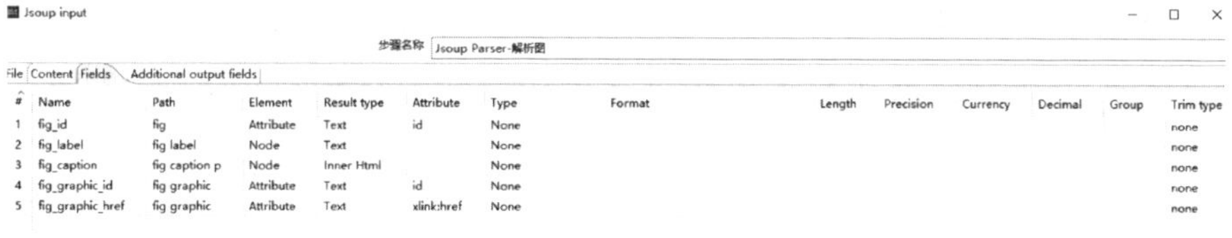

图 5-5 Jsoup 插件抽取图标题、注释等信息

2. 构建 "XML 加载—Jsoup Parser-获取 ID—Jsoup Parser 获取图上

下文段落—截取文本—excel 输出"抽取流程,抽取学术图表的上下文提及段落内容。

该流程的前两个步骤和上述第一种模式中的一致,步骤"Jsoup Parser 获取图上下文段落"通过匹配图表 ID 和 XML 段落中 ref-type 类型,实现图表上下文提及内容抽取,改写的 Jsoup 插件如图 5-6 所示。步骤"截取文本"是清洗所抽取上下文内容中的 XML 标签。

```
> ☐ Code Snippits                String xml = get(Fields.Out, "xml").getString(r);
✓ ⊕ Input fields
   > ▶ xml                        try
⊕ Info fields                     {
✓ ⊕ Output fields                 Document doc = Jsoup.parse(xml, "", Parser.xmlParser());
   > ▶ xml
   > ▶ PMCID                      String PMCID = doc.select("article-id[pub-id-type=\"pmc\"]").text();
   > ▶ reffigText
   > ▶ reffigOuterHtml            //Elements reffigs = doc.select("xref[ref-type=\"fig\"]");
   > ▶ reffigOuterHtmlLeft100     Elements reffigs = doc.select("p:has(xref[ref-type=\"fig\"])");

                                  for (Element fig : reffigs) {

                                     //String reffigText = fig.parent().html();
                                     String reffigOuterHtml = fig.outerHtml();
                                     String reffigText = fig.text();

                                     String reffigOuterHtmlLeft100 = reffigOuterHtml;

                                     if(reffigOuterHtmlLeft100.length() > 100)
                                     {
                                        reffigOuterHtmlLeft100 = reffigOuterHtmlLeft100.substring(0,100);
                                     }

                                     r= createOutputRow(r, data.outputRowMeta.size());

                                     get(Fields.Out, "PMCID").setValue(r, PMCID);
                                     get(Fields.Out, "reffigOuterHtml").setValue(r, reffigOuterHtml);
                                     get(Fields.Out, "reffigText").setValue(r, reffigText);
                                     get(Fields.Out, "reffigOuterHtmlLeft100").setValue(r, reffigOuterHtmlLeft100);

                                     putRow(data.outputRowMeta, r);
                                  }
                                  }
```

图 5-6 Jsoup 插件抽取图表上下文提及内容

(二)基于规则的学术图表语义实例标注

基于本体对象、对象数据属性及对象关系属性设置,编制规则,将抽取实验获得数据映射为本体对象实例。映射规则如表 5-10 所示。

表 5-10 基于 AFAT 本体的语义实例标注映射规则

本体类	数据属性或关系属性	映射抽取字段
aticle	article ID	article-id pub-id-type="pmc"
	AFAT#article_title	article-title
	AFAT#article_keyword	kwd-group
	dc：date	pub-date，分别取 year，month，day
	AFAT#DOI	article-id pub-id-type=" doi"
	dc：subject	subj-group
	AFAT#is_outcome_of	project ID
	AFAT#cites	pub-id pub-id-type=" pmid"
	AFAT#has_supplymentary_data	supplymentary_data
	AFAT # has _ Functional _ Discourse _Elements	sec title 或 sec type
project	AFAT#project ID	funding-statement 或者 award-id 或者 funding-group，需进一步区分 project 和 fund
Person	AFAT#affiliation	organization，ID 需要和 contrib group-aff rid 对应
	AFAT # author，AFAT # editor，AFAT# reviewer	contrib-type
	AFAT#email	contrib-email
	AFAT#name	contrib-name
Organization	skos：preferred label	aff-addr line 或者 aff-institution
Fund	skos：preferred label	funding-statement 或者 award-id 或者 funding-group，需进一步区分 project 和 fund

本体类	数据属性或关系属性	映射抽取字段
Academic_Figure_And_Table	AFAT ID	图：fig-label 表格 table-wrap label
	AFAT#AFAT_Title	fig-caption
	AFAT#AFAT_mention	AFATtext
	AFAT#AFAT_annotation	fig-caption 第一句后的内容
	AFAT#is_ATAF_of	article-id pub-id-type="pmc"
	AFAT#locate_in	sec title 或 sec type
	AFAT#cites	基于 ref-type="bibr" 的 rid 查找 pub-id pub-id-type="pmid"
	AFAT#cites	基于 ref-type="supplementary-material" 的 rid 查找 supplementary-material id
	AFAT#Co-Evidence	AFATtext 中的其他图表 ID
supplymentary_data	supplymentary data ID	supplementary-material id
	AFAT#supplymentary_Data_Title	supplementary material-caption
	dc：format	supplementary material-mediaxlink：href
	dc：description	supplementary material-caption 第一句后的内容
	AFAT#is_supplymentary_data_of	article-id pub-id-type="pmc"

（三）基于掩藏句子模型的学术图表语义实例标注

本实验以人工语义标注数据集中的图表特征、图表实验信息标注结果为基础。其中，图表特征训练数据有 2007 条，图表实验信息训练数据有 3747 条。取人工标注数据集的 80% 作为训练集，其余 20% 作为测试集。设置不同的实验参数，如最大句子长度（max_seq_length）、批训练大小（train_batch_size）、迭代次数（num_train_epochs）、学习率（learning-rate）等基础参数，输入训练数据集，训练得到学习模型。以测试数据集为输入，在掩藏句子算法学习模型中标注句子类别。

五、实验结果分析

（一）实验评估

针对抽取和标注结果，采用通用的准确率、召回率和 F 值三个性能指标来进行评价。其中，准确率指正确抽取/标注结果与所有抽取/标注对象中的比例；召回率指正确抽取/标注结果与所有应该抽取/标注对象间的比例；F 值是综合这二者指标的评估指标，F 值 = 准确率×召回率×2 /（正确率+召回率）（F 值即为准确率和召回率的调和平均值），用于综合反映整体的指标。

（二）自动抽取实验结果分析

随机选取人工标注的 132 篇论文中的 5 篇，抽取 XML 文档中的图表相关信息，并将抽取结果和人工标注集进行对比。表 5-11 展示了学术图表部分信息抽取的结果。可以看出，基于 XML 标签的抽取在准确率方面基本都可以达到 100%，但是在召回率方面表现不稳定，论文 ID、作者、机构、图表标题、图表注释、图表上下文提及等召回率高，而项目、基金等召回率低。主要原因是部分 PMC 的 XML 标签使用灵活，例如项目可以在 front 部分专门定义，也可以在 back 部分以 "acknowledge" 文本存在，对于后者这种情况，则还需要借助机器学习算法抽取特定的项目、基金信息。

表 5-11　学术图表自动信息抽取实验结果

抽取字段	准确率	召回率	F 值
论文 ID	1	1	1
论文标题	1	1	1

抽取字段	准确率	召回率	F 值
论文关键词	1	1	1
论文出版日期	1	1	1
论文 DOI	1	1	1
项目 ID	0	0	0
角色类型	1	1	1
角色 Email	1	1	1
角色姓名	1	1	1
基金	0	0	0
机构名称	1	1	1
补充数据 ID	1	1	1
补充数据标题	1	1	1
补充数据描述	1	1	1
论文篇章单元	0.43	1	0.6
图表 ID	1	1	1
图表标题	1	1	1
图表注释	1	1	1
图表上下文	1	1	1

　　AFAT 本体提高了学术图表自动信息抽取的综合效率。第一，图表信息抽取是由本体指导生成的。利用 AFAT 本体类、数据属性、关系属性的设置，确定抽取内容。例如本体中定义了图表数据属性（如图表标题、图表注释、图表上下文），论文数据属性（如论文标题、论文关键词、论文出版日期），还有"has author""has AFAT of""Co-Evidence"等关系属性，在本体指导下通过特定 XML 标签识别或通过制定规则可以准确抽取这些图表信息。而针对本体中图表实验信息、图表特征等类，通过本体分析发现它们的实例存在于上下文或注释文本中，

因此先基于 XML 标签及规则抽取上下文或注释文本，然后基于机器学习进行语义实例标注。第二，信息抽取结合本体实例标注过程，将抽取内容转化为语义内容，提升信息抽取在关系抽取、歧义消除、领域可移植等方面的能力，进而提升信息抽取的效率。本体的形式化描述能保证信息抽取内容可直接转化为本体类和关系，避免产生歧义。AFAT 本体是应用本体，在不同领域的图表信息抽取任务中都可以提供统一的指导。第三，图表信息抽取模式可以随着本体更新及进化而动态变化，实现抽取的自我优化。

（三）自动语义实例标注实验结果

基于训练好的 BERT 学习模型，以人工标注数据集的 20% 数据量为测试集，统计图表实验信息及图表特征自动语义实例标注效果。表格 5-12 展示了图表实验信息的标注结果。可以看出，掩藏句子算法模型在每个实验信息分类上均取得较好的效果，F 值在 80% 左右，其中在实验方法与流程标注方面表现最佳，F 值达到 87.86%。

表 5-12　学术图表实验信息自动语义标注试验结果

类别	准确率	召回率	F 值	样本数
experiment_purpose	0.8169	0.8657	0.8406	67
experiment_conclusion	0.7724	0.817	0.7943	137
experiment_background	0.8333	0.7534	0.7914	73
experiment_method&processs	0.9044	0.8542	0.8786	144
experiment_result	0.8659	0.7465	0.8018	393

表 5-13 展示了图表特征的标注结果。从整体性能来看，BERT 模型在图表特征标注结果上表现一般，仅在对比特征标注上，F 值才超过 80%。

表 5-13 学术图表特征信息自动语义标注试验结果

类别	准确率	召回率	F 值	样本数
concept_or_process	0.6	0.5	0.5455	6
statistics	0.6	0.551	0.5745	49
correlation	0.5484	0.4857	0.5152	35
distribution	0.6667	0.7097	0.6875	31
tendecy	0.75	0.75	0.75	12
proportion	0.625	0.5263	0.5714	19
observation	0.5	0.5641	0.5301	39
comparison	0.7867	0.8218	0.8039	202

　　总体而言，学术图表自动语义增强标注实验说明三点：（1）基于 XML 标签的学术图表信息抽取是简洁高效的，能满足学术图表相关大部分内容的抽取需求。（2）通过建立映射规则，可以将部分 XML 抽取内容标注为 AFAT 本体实例。（3）基于掩藏句子模型的学术图表实验信息和图表特征实例标注是具有可行性的，实验信息标注有着不错的 F 值表现，但特征标注方面还要进一步改进。

第六章

面向精准知识发现的图表语义增强标注应用

第一节　学术图表知识发现应用服务

知识服务应用是学术图表知识发现的落脚点。目前，学术图表知识发现主要应用于三大方面，分别是学术图表检索、学术图表自动摘要、图像视觉问答。

一、学术图表检索发现

学术图表检索是学术图表知识发现应用中最为广泛的一种。它涉及学术图表识别、学术图表分类及学术图表标注等知识发现技术。例如，CSA llustrata 学术图表检索识别抽取文献中的表格、图片等数据，通过"深度索引"方法人工标引元数据建立独立索引数据库，继而提供基于关键词的学术图表检索服务。

随着知识发现技术不断深入发展，学术图表检索呈现出新的特点，表现在：（1）学术图表分类方面，更多地采用机器学习的自动分类方法；（2）利用语义标注技术，提供基于本体推荐的语义相关术语，以此来优化查询；（3）使用文本自动分类及相似度计算，形成学术图表的自动摘要内容。

NIH 开发的科研图片数据库 Open-i 平台是代表之一。该平台综合来自 PMC、Medpix、USC Orthopedic Surgical Anatomy、Images from the History of Medicine（NLM）、Indiana U. Chest X-rays 等多渠道的科研图片，其中 PMC 的科研图片是科技文献内的学术图像。Open-i 提供关键词、Mesh 主题词检索以及以图找图的发现方式，并采用图像自动分类、图像语义标注及图像文本自动分类等相关知识发现技术。

二、学术图表自动摘要

学术图表文本摘要能够帮助科研人员快速了解学术图表含义而不用阅读论文全文，同时学术图表摘要配合学术图表检索能单独提供知识发现服务。文本摘要应用的主要知识发现技术包括学术图表上下文提及内容获取、文本分类、信息抽取等。文本摘要分抽取型摘要和抽象型摘要两类：抽取型摘要基于语句语义关系定义及预训练，直接从原目标文档中抽取已有片段来构建摘要；抽象型摘要则灵活抽取事实对象或语句，生成的摘要可能含有原文中并不存在的词或句子。

目前，学术图表摘要以抽取型摘要居多。根据摘要形成所使用的方法类型，分为有监督学习和无监督学习。其中，有监督学习需要先训练样本，如 S. Bhatia 分别使用朴素贝叶斯和支持向量机的分类算法，根据文章句子与学术图表标题之间的相似度，抽取相关句子形成学术图表摘要内容①。S. Agarwal 等开发了图形摘要系统 FigSum，从医学文献中抽取出图形的结构性文本摘要，并将文本分类为简介、方法、结果和讨论②。无监督学习不需要预先训练，而是机器自动学习分类。N. Saini 等采用多目标优化（Multiobjective Optimization，MOO）方法构建了无监督的学术图自动摘要系统 MOOFigSum③ 和 FigSum ++④，能自动为论文内每一个学术图表生成摘要。J. Chen 等采用无监督的分层多模态 RNN 模型生成"文本+图像"的多模态新闻摘要⑤。

三、图像视觉问答

图像视觉问答（Visual Question Answering）融合了计算机视觉及自然语言处理两大人工智能领域技术，是当下的研究热点。其具体形式为，向机器输入图像以及关于图像内容的自然语言形式问题，随后机器会反馈自然语言形式的回答。这一过程涉及图像对象识别、图像标注等知识发现技术。

目前，视觉问答主要集中在自然图像理解领域，研究者们提出了

---

① BHATIA S, MITRA P. Summarizing figures, tables and algorithms in scientific publications to augment search results [J]. ACM transactions on information systems, 2010, 30 (1): 1-24.

② AGARWAL S, YU H. FigSum: automatically generating structured text summaries for figures in biomedical literature [C] //American medical informatics association annual symposium. San Francisco: PMC 2009: 6-10.

③ SAINI N, SAHA S, POTNURU V, et al. Figure summarization: a multiobjective optimization-based approach [J]. Intelligent systems, 2019, 34 (6): 43-52.

④ SAINI N, SAHA S, BHATTACHARYYA P, et al. Textual entailment—based figure summarization for biomedical articles [J]. ACM transactions on multimedia computing communications and applications, 2020, 16 (1s): 1-24.

⑤ CHEN J, ZHUGE H. Extractive summarization of documents with images based on multi-modal RNN [J]. Future generation computer systems, 2019, 99 (1): 186-196.

基于图像特征融合、基于实体注意力、基于多步推理、基于引入知识、基于关系建模等多种视觉问答方法①。在学术图像领域，研究者开展了特定类型图像的视觉问答研究及学术图表视觉问答数据集构建等研究。A. Kembhavi 等通过引入图解析图注意力模型方法，抽取文献中视觉插图元素及插图文本，建立元素与文本间的对应语义关系，基于长短记忆神经网络学习算法解析语法，构建视觉插图知识问答系统②。K. Kafl 在视觉问答的基础上，提出了一个专门用于文献中条形图的数据检索和数据推理的视觉问答数据集 DVQA③。微软研究构建了一个可用于学术图表问答的数据集 FigureQA④，该数据集含 18 万张垂直条形图、水平条形图、折线图、虚线图以及饼图，有超过 200 个问题及答案，为开发功能更强大的学术图表视觉问题回答和推理模型提供参考。类似数据集还有 LEAF-QA⑤。整体而言，学术图像的视觉问答应用前景十分广阔，但还有较大的技术发展空间。

① 吴晨飞. 基于关系建模的视觉问答研究［D］. 北京：北京邮电大学，2020.

② LEE P, YANG T. S, WEST J, et al. Phyloparser：a hybrid algorithm for extractingphylogenies from dendrograms［C］//14th iapr international conference on document analysis and recognition（icdar）. Kyoto：IEEE, 2017：1087-1094.

③ KAFLE K, PRICE B, COHEN S, et al. DVQA：understanding data visualizations via question answering［C］//2018 IEEE/cvf conference on computer vision and pattern recognition. Salt Lake City：IEEE, 2018：5648-5656.

④ KAHOU S E, MICHALSKI V, ATKINSON A, et al. FigureQA：an annotated figure dataset for visual reasoning［J］. Computer science, 2018, arXiv：1710. 07300.

⑤ CHAUDHRY R, SHEKHAR S, GUPTA U, et al. LEAF-QA：locate, encode & attend for figure question answering［C］//2020 IEEE winter conference on applications of computer vision（wacv）. Snowmass Village：IEEE, 2020：3512-3521.

第二节 基于学术图表本体的学术图表语义
增强标注应用实证

学术图表的精准发现是学术图表语义增强标注的最终目的。在本章节中，构建 AFAT 本体驱动的学术图表知识发现实验性平台，从图表检索发现的角度，验证本研究提出的学术图表语义增强标注实现学术图表精准发现的效果。本章节以第五章的语义增强标注数据为基础，构建学术图表 RDF 知识库，并基于该知识库开发本体驱动的学术图表知识发现实验性平台，并将其与现有图表发现平台进行对比。

一、AFAT 本体驱动的学术图表知识发现平台框架

在学术资源大数据时代，科研人员愈发重视学术知识互联互通及精准发现，对学术图表的深层语义发现需求也变得更为迫切。本研究设计的 AFAT 本体和基于 AFAT 本体的语义增强标注，正是满足此方面需求的一种尝试，继而在该尝试的基础上形成 AFAT 本体驱动的学术图表知识发现实验性平台。构建 AFAT 本体驱动的学术图表知识发现实验性平台有两层目的：其一，证明 AFAT 本体在学术图表语义发现方面的应用价值；其二，证明基于 AFAT 本体的语义增强标注支持学术图表发现的有效性。

本研究构建的 AFAT 本体驱动的学术图表知识发现实验性平台，面向科学研究的图表发现需求，以农业水稻领域为示范，以学术图表发现场景为指引，在 RDF 数据转换及检索结果展示等方面融入本体语义

信息，通过统一视图、分类检索、资源关联等方式来提供创新图表发现服务。

AFAT 本体驱动的学术图表知识发现实验性平台的系统架构如图6-1 所示。

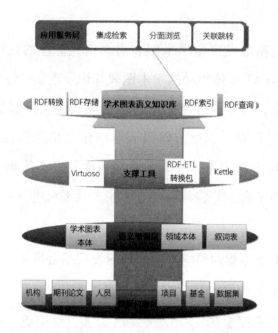

图6-1 AFAT 本体驱动的学术图表知识发现实验性平台的系统架构

1. 数据资源层：以基于本体的人工或自动标注数据集为主，这些数据集内容来源于期刊论文、项目库（少量标注）、基金信息（少量标注）、人员信息（少量标注）、机构信息（少量标注）、叙词表（暂未标注实例）、科学数据集（暂未标注实例）。

2. 语义增强层：主要指本体，后续可考虑加入领域本体或者领域叙词表等语义内容。该层为语义检索平台提供语义信息及语义关系支撑，同时为 RDF 数据转换提供映射桥梁。

3. 支撑工具层：为学术图表语义知识库构建提供技术支撑。本次实验采用了农科院信息所开发的 Kettle RDF 转换插件、RDF-ETL 转换包、开源工具 Virtuoso。

4. 学术图表语义知识库：主要由基于 AFAT 本体产生的 RDF 语义数据集及语义索引构成。通过 Virtuoso 存储三元组数据，并依据数据关系形成关系网，建立语义索引，为下一步检索应用奠定数据基础。

5. 应用服务层：最终结果展示，主要包括集成检索、分面浏览、关联跳转等功能，提供网页浏览检索、RDF 浏览、SPARQL 语义查询等服务。

二、学术图表 RDF 知识库构建

（一）RDF 转换、存储、索引研究

通过标注所获得的大量结构化数据，通常存储于关系型数据库或者存储成关系型表达类型（如 excel，csv 格式），它们并不能直接用于语义检索，需要将其转化为机器能够理解的语义数据模型。而 RDF 是目前接受度较高、应用最广的语义结构数据模型。因此，如何将结构化数据映射为 RDF 数据是知识库构建需要解决的基础问题。

RDB-to-RDF（关系型数据库到 RDF）是将关系数据库的数据结构和数据转换成 RDF 三元组模型和 RDF 数据的过程。W3C 的 RDB2RDF 工作组推荐了两种映射语言，分别是 Direct Mapping 和 R2RML[①]。前者是直接映射，将关系数据库表结构和数据直接输出为 RDF；后者是间接映射，将关系数据库数据结构映射到现有本体，把关系数据字段名

---

① W3C. RDB2RDF：Relational Database to RDF［EB/OL］．［2023-05-02］. http：//rdb2rdf. org/.

映射为 RDF 的实例、属性、关系等。RDB-to-RDF 相关的转换工具有很多，例如 D2R、D2RQ、Triplify、Datalift 等。

RDF 存储分为五种类型，分别是基于关系数据库的存储（如 Rstar、3store、Virtuoso、Oracle）、基于文件系统的存储（System II）、图数据库存储（Neo4j、Taitan、gStore、Janus Graph 等）、基于内存的存储（DBLink、Sesame、SwiftOWLIM）以及基于 NoSql 的分布式存储（HBase、Couch DB、Mongo DB 等）①②。不同的存储方式有各自的优缺点。例如，基于内存的存储处理查询时速度快，但受制于内存大小，适合于小规模的 RDF 数据集；基于关系数据库的存储是目前主流的 RDF 存储方式，查询过程简单，支持大规模数据，但受制于关系型数据库本身，其关系扩展性不佳及面向复杂查询时查询性能受影响；图数据库存储及基于 NoSql 的存储支持分布式存储，资源消耗小，支持异构类型数据关联，扩展性更佳，但存在安全性不佳、可支持的查询操作有限、数据一致性需要严格控制等问题。本研究由于数据量不大，数据关系清晰，因而 RDF 存储使用基于关系数据库的存储工具 Virtuoso。

RDF 索引的存在是为了提高 RDF 查询效率，基于不同的存储方式，RDF 索引和查询方式各不相同。基于内存及基于关系型数据库存储方式，大都是直接以三元组形式存储 RDF 数据，故而这两种方式采用全索引策略，将三元组在主体、谓词（属性）、客体（属性值）之间不同排列下能形成各种形态的数据组成都一一枚举，然后为其构建索引③；

---

① 彭成. 大规模知识图谱的分布式存储与检索技术研究 [D]. 湖北：华中科技大学，2019.

② 邹益民，张智雄，钱力，等. 语义仓储 Virtuoso 的技术分析和应用 [J]. 图书情报工作，2012，56（23）：97-102.

③ 乔芸瑶. 基于领域本体的大规模 RDF 数据分布式存储研究及应用 [D]. 四川：电子科技大学，2020.

图数据库存储 Neo4j 以图方式存储 RDF 数据，支持 B+树、lucene①、VS-tree② 等索引；基于 NoSql 的存储会将 RDF 数据转换为文件存储，例如 HDFS（The Hadoop Distributed File System，分布式文件存储），通常会基于其数据存储表示来建立对应的索引，如 HBase 系统通常构建 SPO、POS、OSP 三张索引表。

在查询语言方面，SPARQL 是 RDF 标准查询语言，广泛应用于各种 RDF 检索系统中。部分图数据库基于图结构提出了面向图的查询语言，使用较多的是 Gremlin 和 Cypher。Gremlin 是 Apache ThinkerPop 框架下的图遍历语言，Cypher 则是一个描述性的图形查询语言，主要在 Neo4j、RedisGraph、AgensGraph 等图数据库中使用。本部分实验使用的查询语言是 SPARQL。

（二）基于 AFAT 本体构建学术图表 RDF 知识库实验

1. 实验环境

本研究中，RDF 转换实验应用了 Kettle 工具及 RDF-ETL 插件，RDF 数据存储和索引则利用了 Virtuoso 工具。实验所涉及的环境如表 6-1 所示。

表 6-1 学术图表 RDF 知识库实验环境

模块	工具及环境
RDF 转换工具	Kettle 及 RDF-ETL 插件
RDF 存储	Virtuoso

---

① 岳绍敏，李万龙，王璐，et al. 基于 Lucene 索引的数据库全文检索 [J]. 吉林大学学报（理学版），2014，000（005）：995-1000.

② Zou L，Mo J，Chen L，et al. gStore：Answering SPARQL queries via subgraph matching [J]. Proceedings of the Vldb Endowment，2011，4（8）：482-493.

续表

模块	工具及环境
RDF 索引	Virtuoso 的位图索引
Virtuoso 服务器配置	基于 x64 的处理器,64 位操作系统,384G 内容

2. RDF 转换

本研究以人工标注数据为基础,利用农科院信息所开发的 Kettle RDF 转换插件以及 RDF-ETL 转换包,实现标注数据的 RDF 转换。

Kettle 是一款功能强大的数据抽取、转换、加载工具,它支持多源数据融合、映射、转换。RDF 转换插件以及 RDF-ETL 转换包可以将 EXCEL 数据转换为 RDF 数据,具体的转换步骤包括数据导入模块—命名空间定义—数据映射及关联—RDF 输出四个环节。转换界面如图 6-2 所示。

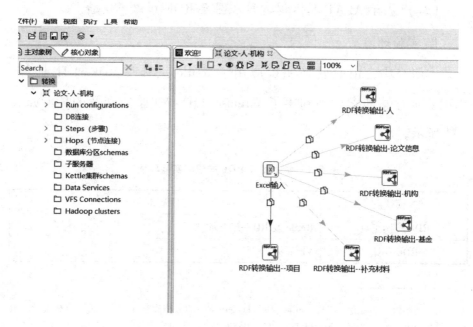

图 6-2　Kettle RDF 转换界面

（1）在数据导入模块（即 Excel 输入部分），需要配置数据来源，同步数据表中各字段内容，随后将数据发送给 RDF 转换模块。

（2）在命名空间操作中，基于学术图表本体的相关定义，确定本体命名空间，如图 6-3 所示。

图 6-3　RDF 命名空间定义

（3）数据映射及关联步骤，将标注数据导入到数据表（本研究采用 Excel 格式）中，通过数据导入模块中获取的数据表字段，建立数据表字段与本体对象、属性、关系等之间的映射关系，转化数据表各部分内容为实体对象、对象属性、对象关系，并建立数据表间的关联，下一步便可将映射后的 RDF 存储到数据库中。图 6-4 展示了 article 实例的映射。

（4）根据本体框架以及人工标注数据集内容，分别对文章、人、机构、项目、基金、补充材料、学术单图、学术复合图、学术子图、学术表格、特征类型、图类型、语篇单元、实验背景、实验目的、实

图 6-4 标注数据与本体字段映射案例

验方法、实验结果、实验结论等数据子集实施转换，得到其 RDF 文件。图 6-5 展示了的学术复合图的 RDF 文件。

图 6-5 转换后生成的 RDF 文件实例

3. RDF 存储及索引

在本研究中，RDF 的存储采用了 Virtuoso 语义数据库。Virtuoso 是语义数据库的一体化解决方案，能够提供高效的 RDF 存储、索引及检索服务。Virtuoso 拥有强大的过程语言，支持 Java 和 . Net 语言内嵌，支持外部以 RDF 规范描述的三元组数据加载到内置数据库，支持 SPARQL 语言查询 RDF 数据。此外，它还支持数十亿规模的三元组存储和管理，像 BioGateway、Bio2RDF、DBpedia -live 和 Neurocommons 等项目都采用 Virtuoso 作为底层语义仓储，这从侧面反映出 Virtuoso 的优越性。Virtuoso 采用在三元组表下增加索引的方式，将三元表中的每列都放在索引中，这种索引方式可以保证数据更新效率，但面对大规模数据时，其索引查询的速度会较慢。

三、AFAT 本体驱动的学术图表知识发现实验性平台构建

（一）平台开发环境

本研究基于 RDF 数据开发 AFAT 本体驱动的学术图表知识发现实验性平台。平台开发环境如表 6-2 所示。

表 6-2　学术图表发现实验性平台开发环境

开发	环境或工具
系统配置	基于 x64 的处理器,64 位操作系统,384G 内容
RDF 存储库	Virtuoso
数据查询语言	SPARQL
前端开发工具	. Net
开发语言	C#语言
网站显示控件	Webform

（二）平台用户交互页面设计

学术图表语义增强的最终目的，一方面是快速定位、发现图表，另一方面是以可理解的方式展示学术图表的复杂信息。这两者均需要通过用户交互页面来实现。

现有主流学术检索平台以论文发现为主线，检索结果交互也以论文为基本单位。CNKI、Open-i 的专门的学术图发现平台提供以学术图片为基本单位的检索交互页面，本研究在这两者基础上，遵循科研人员所习惯的单一检索、综合展示习惯，结合本体优势，凸显分面浏览、语义关联等特性，设计简单、易操作、易理解的交互页面。

为方便用于理解数据对象，设计交互页面中，对所有资源对象类（如 AFAT：academic）和属性（如 dc：title，SKOS：prefer name）的规范语义描述元素（包括其前缀命名空间），都建立了与检索交互页面中中文字段的一一映射，在检索平台前端展示时则基于该映射，为用户提供更为直观的中文对象类和属性名称展示。

（三）实验性平台发现页面展示

1. 检索主页面

简洁的检索主页面提供了目前主流的关键词检索方式，用户可以直接在检索框内输入任意关键词或词组（见图6-6）。主页上还提供三类限定检索选项（学术图表分类、实验信息分类、检索位置分类），用户可通过勾选复选框来缩小检索范围。例如，勾选"实验方法"复选框，即限定检索实验方法中包含某关键词的学术图表；勾选"学术表格"复选框，则只检索学术表格类型；勾选"标题"复选框，则只检索标题中含有此关键词的学术图表。

2. 检索结果展示

通过关键词检索，得到检索命中的图表对象。右侧部分是将自然语言检索语句转换为 SPARQL 语句后，在知识库中命中返回的检索记录，主要显示学术图表本身和学术图表的标题、图表类型及所属文献等简略信息。如图6-7所示。

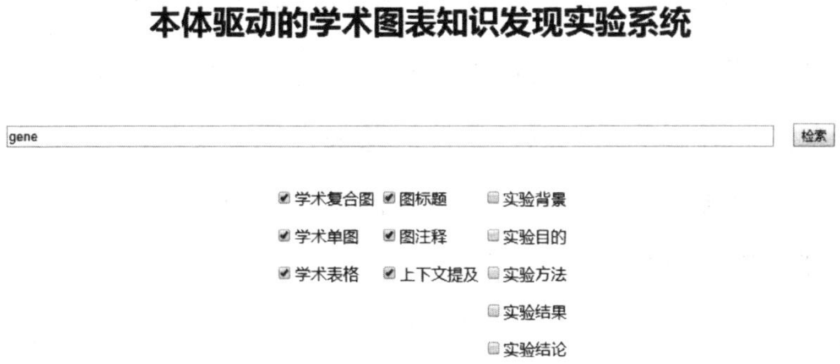

本体驱动的学术图表知识发现实验系统

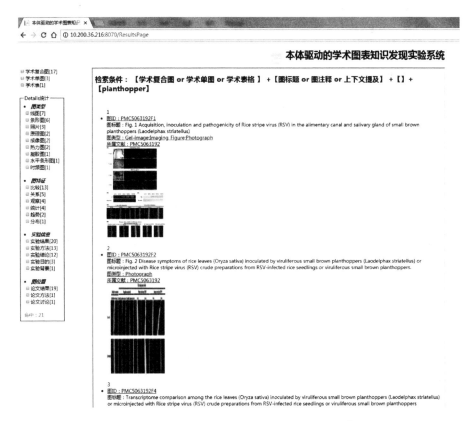

图 6-6 AFAT 本体驱动的学术图表知识发现平台检索主页

图 6-7 AFAT 本体驱动的学术图表知识发现平台检索结果页面

左侧部分是基于本体类别所实现的分面检索。分面检索右侧展示的数值是指命中此分类对象的数量。图类型分类信息来自本体中的图类型分类，图表特征分类信息来自本体中的图表特征，所处篇章信息来源于本体中语篇单元实例，项目信息来自标注实例的项目编号。通过勾选分面左侧的复选框可以按需精确检索结果。

3. 学术图表对象展示

点击检索结果，可查看学术图表的详情页面，如图 6-8 所示。

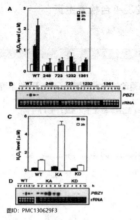

图ID: PMC130629F3

图标题: Effects of d1 mutations and OsRac1 on sphingolipid-induced PBZ1 gene expression and H2O2 production in cultured rice cells

图注: (A) Suppression of H2O2 production in cell cultures of WT and four d1 mutants (248, 723, 1232, 1361) caused by SE. (Bar = SEM obtained from five meas... caused by SE. (C) OsRac1-dependent H2O2 production induced by SE in untransformed WT cell cultures (WT), a transgenic rice cell culture expressing the const SEM obtained from five measurements.) (D) OsRac1-dependent PBZ1 expression induced by SE in untransformed WT type cell cultures (WT), WT Kinmaze cell c negative OsRac1 (KD).

所处篇章: Artical_Result

图类型: Bar_Graph;Gel-image

子图:

图（表）对象:
子对象:

图（表）维度:
子维度:

实验背景:

实验目的:

实验方法及过程:
[1] By using the Pathway GENESWAPPER (see Methods section) and the reference rice seed development network, a gene homology-based projection of Arabic was then analyzed for gene loss and gain for inter- and intra-specific comparison (Figure 2).

（a）

实验结果：

[1] Assessment of genetic diversity indicators within the 307 unique Philippine pigmented rice accessions (He?=?0.35) revealed a higher level of genetic diversi (Wilcoxon signed rank test, p?[2] When the indica and japonica accessions were analyzed separately, the japonica accessions exhibited a lower level of polymor indica accessions (Additional file 3: Table S10).;

[3] Genetic diversity at the regional level ranged from 0.26 to 0.34 (He). The most diverse group of rice accessions were from the CAR and Mindanao 3 regions

[4] Bicol Region and National Capital Region (NCR) (He?=?0.24) were the most diverse regions in the indica group, while CAR and Mindoro, Marinduque, Romb diversity across regions in the japonica group, He values ranging from 0.15 in Visayas to 0.2 in Central Luzon, MIMAROPA and Mindanao1 (Northern Mindanac

[5] The inbreeding coefficient values (FIS) were 0.16, 0.91 and 0.95 for admix, indica and japonica, respectively (Table).1).

实验结论：

[1] These results indicated that PBZ1 expression in d1 cell cultures was completely suppressed. Together with the results of H2O2 production, these results sug OsRac1 is also an important intermediate in SE signaling in rice cell cultures.

特征： comparison:statistics

引用：

上下文提及： Because SE were shown to induce Gα mRNA expression (Fig.1 E and F), we first measured the levels of H2O2 production in rice suspension culture levels slowed down considerably relative to that before the treatment in each of the four d1 cell cultures compared with those in the WT cell cultures (Fig.3A).; In WT cell cultures (WT), PBZ1 expression was first detected at 4 h after SE treatment, peaking at 6 h and gradually decreasing from 6 to 12 h. In contrast, in the elicitor treatment, no PBZ1 expression was detected in the mutants (data not shown). These results indicated that PBZ1 expression in d1 cell cultures was comp signaling in rice cell cultures.; SE-induced H2O2 production was strongly enhanced in rice cell cultures expressing the constitutively active OsRac1, whereas it expression was similarly affected by OsRac1; its induction was greatly enhanced by the constitutively active OsRac1, whereas its expression was completely sup except that it was constitutively activated without elicitor treatment in transgenic cells expressing the constitutively active OsRac1. In contrast, a very low level These results clearly indicate that the small GTPase OsRac1 is also an important intermediate in SE signaling in rice cell cultures.

所属文献： PMC130629

同证图表： PMC130629F1

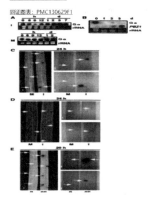

（b）

图6-8　学术图表详情页面

详情页面左侧显示学术图表的缩略图，右侧则展示对象的描述字段，这些字段均对应了本体中的相关数据属性及关系属性。在关系属性部分，对关系的相关对象建立跳转链接，用户可根据链接访问相关数据的详细内容。从图6-8中可以看出，学术图表页面对学术图表进行了全方位展示，既包括图表标题、图表注释等简单信息，也包括图表对象、图表维度、图表实验信息等深度文本内容，还包括篇章、图类型、特征等可用于分面分类的信息，以及所属文献、同证图表、引用信息等关联对象信息。

4. 关联对象展示

AFAT 本体通过构建对象间关系，建立科研资源对象间的关联发现链，例如"图表—文章—作者—机构""图表—文章—项目—基金""图表—作者—项目""图表—补充数据—文章""项目—基金—机构"等。检索平台基于 AFAT 本体内的关系属性关联，通过点击链接，可以跳转到相关资源详情页面。文章、作者、机构、项目、基金、补充材料等页面分别如图 6-9 至 6-14 所示。

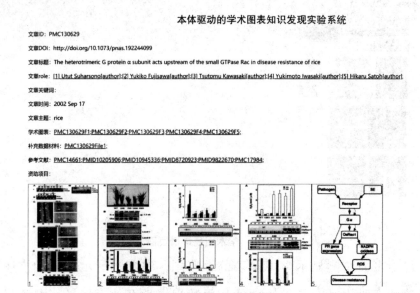

图 6-9　学术论文页面展示

图 6-10　作者页面展示

图 6-11 机构页面展示

图 6-12 项目页面展示

图 6-13 基金页面展示

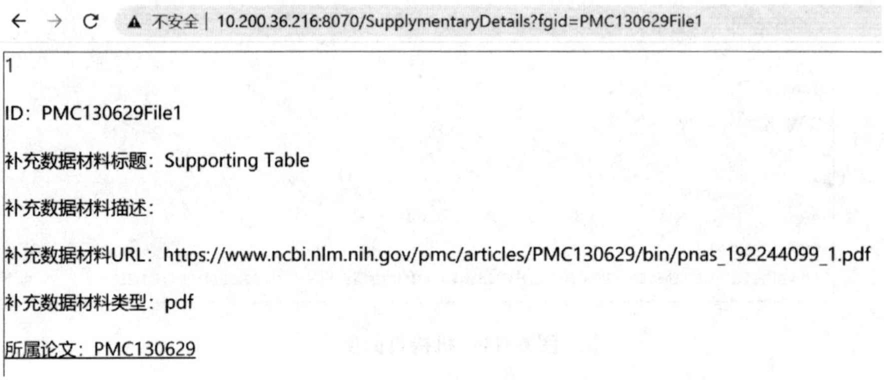

图6-14 补充数据材料页面展示

5. 关联发现

AFAT 本体驱动的学术图表知识发现实验性平台提供两种类型的关联发现方式。第一类关联发现是基于本体关联关系的发现。例如发现同证图表、发现同论文图表、发现同作者的图表、发现同项目的图表、发现指向同补充材料的图表等。第二类关联发现是基于文本相似度的关联发现，例如通过计算不同实验结果文本间的语义相似度，找到含义相近的同实验信息学术图表。其中，同证图表可参见图6-8，同论文图表可参见图6-9。其余关联发现因数据量较少，因而未在原型系统中实现。

第三节　学术图表发现平台比较

一、现有学术图表发现平台

当前，学术图表发现平台分为元数据标注发现平台以及元数据标注与叙词表语义标注混合发现平台这两种类型。其中，元数据标注平台的代表系统为 CNKI 学术图片知识库，而元数据标注与叙词表语义标注混合平台的代表系统是 Open-i 平台和 CSA llustrata 平台。本研究开发的 AFAT 本体驱动的学术图表知识发现实验性平台是本体语义标注发现平台。

三个系统的检索及结果显示页面如图 6-15 至 6-17 所示。

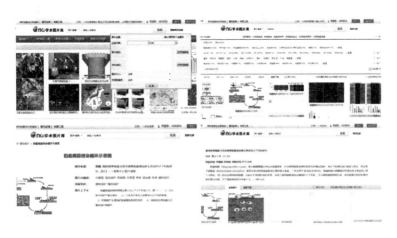

图 6-15　CNKI 学术图片检索及展示页面

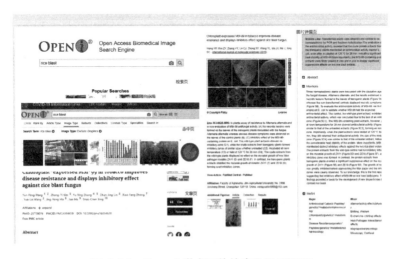

图 6-16　Open-i 学术图片检索及展示页面

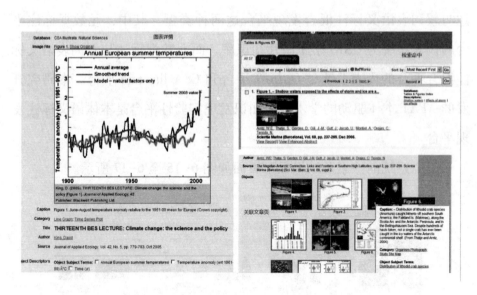

图 6-17　CSA llustrata 图表检索及展示页面

二、学术图表发现效果对比

元数据标注的学术图表发现平台，其主要目的是揭示图表资源信息；叙词表语义标注的学术图表发现平台，主要目的是利用叙词的"用、代、属、分、参、族"关系进行图表语义关联；而本研究基于本体语义标注的学术图表发现平台，主要目的是利用本体语义关系来实现图表隐藏语义内容揭示以及跨资源对象关联。

从资源信息揭示和资源语义关联发现这两个角度，分别对比基于本体语义标注的学术图表发现平台（即本研究所构建的平台），基于元数据标注的学术图表发现平台——CNKI 图表检索平台，以及元数据标注—叙词表语义标注混合的学术图表发现平台——Open-i 和 CSA llus-trata。详细对比情况见表 6-3，6-4 所示。

表6-3　不同平台资源揭示层面的对比

对比维度	AFAT本体驱动的学术图表知识发现平台	CNKI学术图片知识库	Open-i	CSA llustrata
检索对象	学术图片和学术表格	学术图片	学术图片	学术图片和学术表格
检索字段	默认检索图表标题、注释、上下文,提供图表标题、图表注释、图表上下文、图表实验信息等限定检索	默认检索图标题及图关键词,提供出版日期、图片类别、学科类别、图片大小、来源数据库等限定检索	默认检索图标题、注释、文章摘要,提供文献类型、图表类型、所属数据库合集、特定主题等等限定字段检索	默认从图表标题及图注释中检索,支持图表类型、主题词、分类术语、是否全图的限定检索
检索方式	关键词,未来支持主题语义检索	关键词	关键词、主题词、图片检索	关键词、主题词
图表内容揭示	图表标题、图表注释、图表上下文、图表类型、图表所属论文、所在篇章、子图（复合图中揭示）、图表对象、图表维度、图表实验信息、图表特征、图表引用、同证图表等	图、图标题、图上下文（只提取图前后的内容）、图片来源、图片关键词、图片所属学科等	图、图标题、图注释、图上下文（只提取图前后的内容）、论文标题、论文摘要、作者、作者机构、期刊、Mesh术语分类（无法点击以继续检索）	图标题、图注释、图类型、所属论文、作者、Index主题词、叙词表术语、期刊、地理术语
论文揭示	论文标题、关键词、DOI、人、主题、发表时间、所含图表、所含数据、参考文献、项目资助	论文标题、论文来源、论文关键词、论文摘要、所含图表	论文标题、摘要、关键词、DOI、人、Mesh主题词、发表时间、所含图表、机构、参考文献、相似文献	论文标题、作者、机构、期刊、发表时间、所含图表、摘要、文章Index主题词、图表Index主题词
人揭示	ID、角色类型、姓名、邮箱、所属机构、发表论文、参与项目	阅读论文原文获取	姓名、邮箱	姓名、邮箱等
机构揭示	机构名称、国家、邮编、网址、机构人员、机构类型	阅读论文原文获取	机构名称、国家	机构名称、国家

对比维度	AFAT 本体驱动的学术图表知识发现平台	CNKI 学术图片知识库	Open-i	CSA llustrata
项目揭示	项目 ID、项目名称、项目起止时间、项目成员、项目主题、项目被资助基金、项目状态、项目研究类型	阅读论文原文获取	阅读论文原文获取	阅读论文原文获取
基金揭示	基金 ID、基金中英文名称、国家、基金成立机构、基金资助项目	阅读论文原文获取	阅读论文原文获取	阅读论文原文获取
数据揭示	数据标题、数据描述、数据类型、数据 URL 、数据所属论文	阅读论文原文获取	阅读论文原文获取	阅读论文原文获取
资源关系揭示	图表—(论文,补充数据,图表,图表特征,图类型,子图);论文—(人,图表,补充数据,项目,论文);人—(论文,机构,项目);机构-作者;项目—(基金,人);基金—(机构,项目),补充数据—论文	图片—(论文、图片);论文—图片	图片—(论文,图片,Mesh 术语);论文—(人,图表,论文,Mesh 术语)	图—(论文,图片,作者,叙词表术语);论文—(人,图表,叙词表术语)

通过表 6-3 对比发现，在资源和资源关系的揭示方面，AFAT 本体驱动的学术图表知识发现平台具备优势。具体表现为：图表内容揭示更丰富，深入揭示图表上下文文本内涵，不仅揭示与图表最相关的论文对象内容，还通过语义关系揭示与图表相关的学术对象内容（如人、机构、项目、基金、补充数据等），此外，基于本体语义关联，揭示更多资源相关关系。元数据标注—叙词表语义标注混合的学术图表发现平台通过叙词表术语的"用、代、属、分、参、族"关系对学术图表进行语

义增强，从而揭示学术图表领域语义，在领域内应用具有一定优势。

通过表6-4对比发现，在语义关联层面上，AFAT本体驱动的学术图表知识发现平台揭示的潜在语义针对的是图表上下文内实验信息，叙词表标注平台则利用叙词揭示图表的潜在领域语义；在聚类方面，本书所构建的平台基于本体类别实施聚类分面，其他平台则基于形式化标注内容聚类。此外，本书所构建的平台在语义关联发现层面具有明显优势。

表6-4　不同平台语义关联层面的对比

对比维度	AFAT本体驱动的学术图表知识发现平台	CNKI学术图片知识库	Open-i	CSAllustrata
潜在语义揭示	揭示图表上下文中深度语义内容,例如图表实验信息、图表特征	无	利用叙词的"用、代、属、分、参、族"进行语义增强	利用叙词的"用、代、属、分、参、族"进行语义增强
语义聚类	提供图表类型、所处篇章、图表特征、图表实验信息等语义类型的聚类分面	提供图片颜色、所属学科、发表年度、关键词、图片类别等形式化标注内容聚类	提供文献类型、图表类型、所属数据库合集、特定主题等形式化标注内容聚类	提供图表类型的形式化标注内容聚类和叙词表术语的语义聚类
语义关联	基于本体语义关系,建立图表—(论文,补充数据,图表,图表特征,图类型,子图);论文—(人,图表,补充数据,项目,论文);人—(论文,机构,项目);机构-作者;项目—(基金,人);基金—(机构,项目),补充数据—论文的语义关联,提供同文图片扩展,未来提供语义相似图片(基于上下文语义)同项目图表、同数据集图表、同作者图表等扩展发现	基于关系链接建立图片—(论文、图片);论文—图片的关联,提供语义相似图片(基于关键词)、读者推荐图片、同文图片扩展发现	基于关系链接建立图片—(论文,图片);论文—(人,图表,论文)的关联,提供同文图片、同主题图片的扩展发现	基于链接关联到所属论文,论文作者,提供同主题,同概念术语的图表扩展发现

三、系统架构的对比

前文从资源信息揭示和资源语义关联发现两个角度对比了几个不同类型的学术图表发现平台，本部分从系统架构、相关支撑技术、服务功能等方面对比本书所构建的平台（AFAT 本体语义标注发现平台）和其他平台（元数据标注混合叙词表语义标注发现平台）。表6-5 展示了系统架构对比详情。

表6-5 不同平台的系统架构对比

对比维度	元数据标注混合叙词表语义标注发现平台	AFAT 本体语义标注发现平台
系统架构	数据库和文件网络驱动	基于 RDF 语义数据和数据网络驱动
支撑技术	关系型数据库、SQL	RDF 数据仓储、SPARQL 等语义查询语言
数据组织	元数据，支持关键词检索	本体组织，支持关键词检索，支持语义类别检索
检索功能	当前提供图或者表格的单独资源检索，实现异源异构资源检索难度较大	当前以图表检索为主，基于语义关系检索和动态分面导航等技术，未来可便捷实现跨资源类型的内容检索
关联发现功能	通过数据库关系，结合相似度计算，支持单向的图表—论文，图表—图表的关联发现，关联扩展能力有限	基于本体中异构资源间的语义关系，实现多向的图表—论文—作者—项目—基金—补充数据间的关联发现，提高资源发现效率
异构数据集成功能	无法在底层数据上实现异构资源的数据集成，需要在业务逻辑层进行数据集成来实现异构资源发现	提供领域内异构数据资源的深度组织、语义关联、数据融合和关联服务的一站式集成解决方案
技术前景	技术相对更为成熟，系统性能较好，功能较为完备，在语义检索、语义关联等特性上表现不佳	发现平台技术业已成熟，但在底层数据自动构建上还存在一定阻碍。其在跨资源检索、语义关联、精准发现等方面具有不错前景

通过对比能够看出，主流的元数据标注混合叙词表语义标注发现平台和本书设计的 AFAT 本体语义标注发现平台在系统架构、相关支撑技术、服务功能等方面存在明显区别。本书构建的平台在跨资源检索、语义关联发现以及精准图表发现等方面具有不错的前景。

附录 1　AFAT 本体类

类名	上位类	下位类	来源
owl：Thing	—	SIO：entity，skos：Concept	复用 owl
skos：Concept	owl：Thing	—	复用 skos
SIO：entity	owl：Thing	SIO：attribute，SIO：object，SIO：process	复用 SIO
SIO：attribute	SIO：entity	SIO：quality	复用 SIO
SIO：quality	SIO：entity	SIO：informational quality，SIO：process quality	复用 SIO
SIO：informational quality	SIO：quality	AFAT：AFAT_characteristics，AFAT：scientific_data_scale	复用 SIO
AFAT：AFAT_characteristics	SIO：informational quality	—	自我扩展
AFAT：tendecy	AFAT：AFAT_characteristics	—	自我扩展
AFAT：comparison	AFAT：AFAT_characteristics	—	自我扩展
AFAT：concept_or_process	AFAT：AFAT_characteristics	—	自我扩展
AFAT：correlation	AFAT：AFAT_characteristics	—	自我扩展
AFAT：distribution	AFAT：AFAT_characteristics	—	自我扩展

类名	上位类	下位类	来源
AFAT：hierarchy	AFAT：AFAT_characteristics	—	自我扩展
AFAT：observation	AFAT：AFAT_characteristics	—	自我扩展
AFAT：statistics	AFAT：AFAT_characteristics	—	自我扩展
AFAT：scientific_data_scale	AFAT：AFAT_characteristics	—	自我扩展
AFAT：scientific_data_scale	SIO：informational quality	—	自我扩展
SIO：process quality	SIO：quality	AFAT：scientific_study_type，SIO：process status	复用SIO
AFAT：scientific_study_type	SIO：process quality	—	自我扩展
SIO：process status	SIO：process quality	—	复用SIO
SIO：object	SIO：entity	SIO：information content entity，SIO：specialized object	复用SIO
SIO：information content entity	SIO：object	SIO：computational entity，SIO：media	复用SIO
SIO：computational entity	SIO：information contententity	SIO：data item，AFAT：text_entity	复用SIO
SIO：data item	SIO：computational entity	SIO：scientific data	复用SIO
SIO：scientific data	SIO：data item	AFAT：supplymentary_data，AFAT：scientific_store_data，AFAT：scientific_process_data，AFAT：raw_scientifc_data，AFAT：data_paper，AFAT：Academic_Figure_And_Table	复用SIO

续表

类名	上位类	下位类	来源
AFAT：supplymentary_data	SIO：scientific data	—	自我扩展
AFAT：scientific_store_data	SIO：scientific data	—	自我扩展
AFAT：scientific_process_data	SIO：scientific data	—	自我扩展
AFAT：raw_scientifc_data	SIO：scientific data	—	自我扩展
AFAT：data_paper	SIO：scientific data	—	自我扩展
AFAT：Academic_Figure_And_Table	SIO：scientific data	—	自我扩展
AFAT：academic_table	AFAT：Academic_Figure_And_Table	—	自我扩展
AFAT：academic_figure	AFAT：Academic_Figure_And_Table	AFAT：academic_multiple_figures， AFAT：academic_single_figure， AFAT：academic_subfigure	自我扩展
AFAT：academic_multiple_figures	AFAT：academic_figure	—	自我扩展
AFAT：academic_single_figure	AFAT：academic_figure	—	自我扩展
AFAT：academic_subfigure	AFAT：academic_figure	—	自我扩展
AFAT：text_entity	SIO：computational entity	AFAT：functional_discourse_elements， AFAT：AFAT_experimental_information， AFAT：document	自我扩展
AFAT：functional_discourse_elements	AFAT：text_entity	—	自我扩展

续表

类名	上位类	下位类	来源
AFAT：AFAT_experimental_information	AFAT：text_entity	AFAT：experiment_background， AFAT：experiment_conclusion， AFAT：experiment_method&processs， AFAT：experiment_purpose， AFAT：experiment_result	自我扩展
AFAT：experiment_background	AFAT：AFAT_experimental_information	—	自我扩展
AFAT：experiment_conclusion	AFAT：AFAT_experimental_information	—	自我扩展
AFAT：experiment_method&processs	AFAT：AFAT_experimental_information	—	自我扩展
AFAT：experiment_purpose	AFAT：AFAT_experimental_information	—	自我扩展
AFAT：experiment_result	AFAT：AFAT_experimental_information	—	自我扩展
AFAT：document	AFAT：text_entity	AFAT：article， AFAT：book， AFAT：booklet， AFAT：conference_paper， AFAT：report， AFAT：reviews， AFAT：thesis_document	自我扩展
AFAT：article	AFAT：document	—	自我扩展
AFAT：book	AFAT：document	—	自我扩展
AFAT：booklet	AFAT：document	—	自我扩展
AFAT：conference_paper	AFAT：document	—	自我扩展
AFAT：report	AFAT：document	AFAT：project_report， AFAT：technical_report	自我扩展
AFAT：reviews	AFAT：document	—	自我扩展

续表

类名	上位类	下位类	来源
AFAT：thesis_document	AFAT：document	AFAT：diploma_thesis, AFAT：master_thesis, AFAT：PhD_thesis	自我扩展
AFAT：project_report	AFAT：report	—	自我扩展
AFAT：technical_report	AFAT：report	—	自我扩展
AFAT：diploma_thesis	AFAT：thesis_document	—	自我扩展
AFAT：master_thesis	AFAT：thesis_document	—	自我扩展
AFAT：PhD_thesis	AFAT：thesis_document	—	自我扩展
SIO：media	SIO：information content entity	SIO：figure	复用 SIO
SIO：figure	SIO：media	SIO：chart, AFAT：diagram, SIO：image	复用 SIO
SIO：chart	SIO：figure	SIO：bar graph, SIO：heatmap, SIO：Gantt chart, AFAT：Dot_Matrix_Chart, SIO：boxplot, SIO：histogram, SIO：line graph, AFAT：map, SIO：network diagram, SIO：pie chart, AFAT：Radar_chart, SIO：scatterplot, AFAT：Unclassified_chart, SIO：venn diagram, SIO：tree diagram	复用 SIO
SIO：bar graph	SIO：chart	AFAT：Bullet_Graph, SIO：vertical bar graph, SIO：horizontal bar graph, AFAT：Marimekko_Chart, AFAT：Multi-set_Bar_Chart, AFAT：Span_Chart, SIO：stacked bar graph	复用 SIO

续表

类名	上位类	下位类	来源
AFAT：Bullet_Graph	SIO：bar graph	—	自我扩展
SIO：horizontal bar graph	SIO：bar graph	—	复用SIO
AFAT：Marimekko_Chart	SIO：bar graph	—	自我扩展
AFAT：Multi-set_Bar_Chart	SIO：bar graph	—	自我扩展
AFAT：Span_Chart	SIO：bar graph	—	自我扩展
SIO：stacked bar graph	SIO：bar graph	—	复用SIO
SIO：vertical bar graph	SIO：bar graph	—	复用SIO
SIO：boxplot	SIO：chart	—	复用SIO
AFAT：Dot_Matrix_Chart	SIO：chart	—	自我扩展
SIO：Gantt chart	SIO：chart	—	复用SIO
SIO：heatmap	SIO：chart	SIO：geographic heatmap	复用SIO
SIO：geographic heatmap	SIO：heatmap	—	复用SIO
SIO：histogram	SIO：chart	AFAT：Density_Plot, AFAT：Population_Pyramid	复用SIO
AFAT：Density_Plot	SIO：histogram	—	自我扩展
AFAT：Population_Pyramid	SIO：histogram	—	自我扩展
SIO：line graph	SIO：chart	AFAT：Candlestick_Chart, AFAT：Kagi_Chart, AFAT：Open-high-low-close_Chart, AFAT：Stacked_Area_Graph, AFAT：Stream_Graph, AFAT：Time-Frequency_plot	复用SIO

续表

类名	上位类	下位类	来源
AFAT：Candlestick _Chart	SIO：line graph	—	自我扩展
AFAT：Kagi_Chart	SIO：line graph	—	自我扩展
AFAT：Open-high-low-close_Chart	SIO：line graph	—	自我扩展
AFAT：Stacked_Area_Graph	SIO：line graph	—	自我扩展
AFAT：Stream_Graph	SIO：line graph	—	自我扩展
AFAT：Time - Frequency_plot	SIO：line graph	—	自我扩展
AFAT：map	SIO：chart	AFAT：Dot_Map， AFAT：Flow_Map	自我扩展
AFAT：Dot_Map	AFAT：map	—	自我扩展
AFAT：Flow_Map	AFAT：map	—	自我扩展
SIO：network diagram	SIO：chart	SIO：directed acyclic graph， AFAT：Arc_Diagram， AFAT：Non-ribbon_Chord_Diagram， AFAT：Chord_Diagram	复用 SIO
SIO：directed acyclic graph	SIO：network diagram	—	复用 SIO
AFAT：Arc _ Diagram	SIO：network diagram	—	自我扩展
AFAT：Chord_Diagram	SIO：network diagram	—	自我扩展
AFAT：Non-ribbon_Chord_Diagram	SIO：network diagram	—	自我扩展
SIO：pie chart	SIO：chart	AFAT：Nightingale_Rose_Chart， AFAT：Donut_Chart， AFAT：Sunburst_Diagram	复用 SIO

续表

类名	上位类	下位类	来源
AFAT：Nightingale_Rose_Chart	SIO：pie chart	—	自我扩展
AFAT：Donut_Chart	SIO：pie chart	—	自我扩展
AFAT：Sunburst_Diagram	SIO：pie chart	—	自我扩展
AFAT：Radar_chart	SIO：chart	—	自我扩展
SIO：scatterplot	SIO：chart	SIO：bubble chart，AFAT：manhattan_plot，AFAT：Principal_component_analysis_chart	复用 SIO
SIO：bubble chart	SIO：scatterplot	—	复用 SIO
AFAT：manhattan_plot	SIO：scatterplot	—	自我扩展
AFAT：Principal_component_analysis_chart	SIO：scatterplot	—	自我扩展
SIO：tree diagram	SIO：chart	SIO：dendrogram，SIO：treemap	复用 SIO
SIO：dendrogram	SIO：tree diagram	—	复用 SIO
SIO：treemap	SIO：tree diagram	—	复用 SIO
AFAT：Unclassified_chart	SIO：chart	—	自我扩展
SIO：venn diagram	SIO：chart	—	复用 SIO
AFAT：diagram	SIO：figure	AFAT：3D_diagram，SIO：flowchart，AFAT：Genome_structure_diagram，AFAT：Hierarchy，AFAT：Sankey_Diagram，AFAT：Schematic_diagram，AFAT：Sequence_diagram，SIO：textual chart	自我扩展

续表

类名	上位类	下位类	来源
AFAT：3D_diagram	AFAT：diagram	—	自我扩展
SIO：flowchart	AFAT：diagram	AFAT：timeliness_chart	复用 SIO
AFAT：timeliness_chart	SIO：flowchart	—	自我扩展
AFAT：Genome_structure_diagram	AFAT：diagram	—	自我扩展
AFAT：Hierarchy	AFAT：diagram	—	自我扩展
AFAT：Sankey_Diagram	AFAT：diagram	—	自我扩展
AFAT：Schematic_diagram	AFAT：diagram	—	自我扩展
AFAT：Sequence_diagram	AFAT：diagram	—	自我扩展
SIO：textual chart	AFAT：diagram	SIO：phrase net diagram, SIO：tag cloud, SIO：word tree	复用 SIO
SIO：phrase net diagram	SIO：textual chart	—	复用 SIO
SIO：tag cloud	SIO：textual chart	—	复用 SIO
SIO：word tree	SIO：textual chart	—	复用 SIO
SIO：image	SIO：figure	AFAT：Gel-image, AFAT：Imaging_figure, SIO：photograph	复用 SIO
AFAT：Gel-image	SIO：image	—	自我扩展
AFAT：Imaging_figure	SIO：image	AFAT：HRTEM_image	自我扩展
SIO：photograph	SIO：image	SIO：geographic image	复用 SIO
AFAT：HRTEM_image	AFAT：Imaging_figure	—	自我扩展
SIO：geographic image	SIO：photograph	—	复用 SIO

续表

类名	上位类	下位类	来源
SIO：specialized object	SIO：object	AFAT：funding， AFAT：organization， SIO：person	复用 SIO
AFAT：funding	SIO：specialized object	—	自我扩展
AFAT：organization	SIO：specialized object	AFAT：association， AFAT：department， AFAT：enterprise， AFAT：government_organization， AFAT：research_Institute， AFAT：university	自我扩展
AFAT：association	AFAT：organization	—	自我扩展
AFAT：department	AFAT：organization	—	自我扩展
AFAT：enterprise	AFAT：organization	—	自我扩展
AFAT：government_organization	AFAT：organization	—	自我扩展
AFAT：research_Institute	AFAT：organization	—	自我扩展
AFAT：university	AFAT：organization	—	自我扩展
SIO：person	SIO：specialized object	SIO：academic	复用 SIO
SIO：academic	SIO：person	AFAT：reviewer， AFAT：editor， AFAT：author	复用 SIO
AFAT：reviewer	SIO：academic	—	自我扩展
AFAT：editor	SIO：academic	—	自我扩展
AFAT：author	SIO：academic	AFAT：correspondence_author	自我扩展
AFAT：correspondence_author	AFAT：author	—	自我扩展
SIO：process	SIO：entity	AFAT：scientific_study	复用 SIO
AFAT：scientific_study	SIO：process	AFAT：project	自我扩展
AFAT：project	AFAT：scientific_study	—	自我扩展

附录 2 AFAT 本体对象属性

关系属性	上位属性	下位属性	domain	range	inverse	来源
owl:topObjectProperty	—	SIO:is related to			—	复用 owl
SIO:is related to	owl:topObjectProperty	AFAT:affiliation, AFAT:citedBy, AFAT:cites, AFAT:Co-Evidence, AFAT:employs, AFAT:establish, AFAT:establishedBy, AFAT:financedBy, AFAT:finances, SIO:has attribute, SIO:is attribute of, AFAT:locate_in	—	—	—	复用 SIO
AFAT:affiliation	SIO:is related to	—	SIO:person	AFAT:organization	AFAT:employs	自我扩展
AFAT:citedBy	SIO:is related to	—	AFAT:document or SIO:scientific data	AFAT:document or SIO:scientific data or SIO:person	AFAT:cites	自我扩展

续表

关系属性	上位属性	下位属性	domain	range	inverse	来源
AFAT: cites	SIO: is related to	—	AFAT: document or SIO: scientific data or SIO: person	AFAT: document or SIO: scientific data	AFAT: citedBy	自我扩展
AFAT: Co-Evidence	SIO: is related to	—	AFAT: Academic _Figure_And_Ta ble	AFAT: Academic _Figure_And_Ta ble	—	自我扩展
AFAT: employs	SIO: is related to	—	AFAT: organiza tion	SIO: person	AFAT: affiliation	自我扩展
AFAT: establish	SIO: is related to	—	—	—	AFAT: establish edBy	自我扩展
AFAT: establishedBy	SIO: is related to	—	—	—	AFAT: establish	自我扩展
AFAT: financedBy	SIO: is related to	—	AFAT: project or SIO: person	AFAT: funding or AFAT: organ ization or SIO: person	AFAT: finances	自我扩展

续表

关系属性	上位属性	下位属性	domain	range	inverse	来源
AFAT: finances	SIO: is related to	—	AFAT: funding or AFAT: organization or SIO: person	AFAT: project or SIO: person	AFAT: financed-By	自我扩展
SIO: has attribute	SIO: is related to	SIO: has unit, AFAT: has_AFAT_characteristics, AFAT: has_experimental_information, AFAT: has_form, AFAT: has_outcome, AFAT: has_role, SIO: has property, SIO: has unit	—	—	SIO: is attribute of	复用 SIO

续表

关系属性	上位属性	下位属性	domain	range	inverse	来源
SIO: is attribute of	SIO: is related to	SIO: is member of, SIO: is property of, SIO: is unit of, AFAT: is_AFAT_characteristics_of, AFAT: is_ experimental_information_of, AFAT: is_form_of, AFAT: is_outcome_of, AFAT: is_role_of	—	—	SIO: has attribute	复用SIO
AFAT: locate_in	SIO: is related to	—	—	—	—	自我扩展
SIO: has member	SIO: has attribute	—	—	SIO: person	SIO: is member of	复用SIO
SIO: has property	SIO: has attribute	—	—	—	SIO: is property of	复用SIO

续表

关系属性	上位属性	下位属性	domain	range	inverse	来源
SIO: has unit	SIO: has attribute	AFAT: has_ATAF, AFAT: has_functional_discourse_elements, AFAT: has_subfig, AFAT: has_supplymentary_data	—	—	SIO: is unit of	复用 SIO
AFAT: has_AFAT_characteristics	SIO: has attribute	—	AFAT: Academic_Figure_And_Table	AFAT_characteristics	AFAT: is_AFAT_characteristics_of	自我扩展
AFAT: has_experimental_information	SIO: hasattribute	AFAT: has_backgroud, AFAT: has_goal, AFAT: has_method, AFAT: has_result, AFAT: has_conclusion	—	—	AFAT:	自我扩展
AFAT: has_form	SIO: has attribute	—	AFAT: academic_figure	SIO: figure	AFAT: is_form_of	自我扩展
AFAT: has_outcome	SIO: has attribute	—	AFAT: scientific_study or AFAT: organization or SIO: person	AFAT: document or SIO: scientific data	AFAT: is_outcome_of	自我扩展

续表

关系属性	上位属性	下位属性	domain	range	inverse	来源
AFAT: has_role	SIO: has attribute	AFAT: has_author, AFAT: has_editor, AFAT: has_reviewer	—	—	AFAT: is _ role _of	自我扩展
SIO: has quality	SIO: has property	AFAT: has_AFAT_characteristics_type, AFAT: has_datascale, AFAT: has_process_status, AFAT: has_scientific_study_type	—	SIO: quality	SIO: is quality of	复用 SIO
AFAT: has_AFAT_characteristics_type	SIO: has quality	—	—	—	AFAT: is_AFAT_characteristics_type_of	自我扩展
AFAT: has_datascale	SIO: has quality	—	—	AFAT: scientific_data_scale	AFAT: is_data_scale_of	自我扩展
AFAT: has_process_status	SIO: has quality	—	—	SIO: process status	AFAT: is_process_status	自我扩展

续表

关系属性	上位属性	下位属性	domain	range	inverse	来源
AFAT: has_scientific_study_type	SIO: has quality	—	AFAT: scientific_study	AFAT: scientific_study_type	AFAT: is_scientific_study_type	自我扩展
AFAT: has_ATAF	SIO: has unit	—	—	AFAT: Academic_Figure_And_Table	AFAT: is_ATAF_of	自我扩展
AFAT: has_functional_discourse_elements	SIO: has unit	—	—	AFAT: functional_discourse_elements	AFAT: is_functional_discourse_elements_of	自我扩展
AFAT: has_subfig	SIO: has unit	—	AFAT: academic_multiple_figures	AFAT: academic_subfigure	AFAT: is_subfig_of	自我扩展
AFAT: has_supplymentary_data	SIO: has unit	—	—	AFAT: supplymentary_data	AFAT: is_supplymentary_data_of	自我扩展
AFAT: has_backgroud	AFAT: has_experimental_information	—	—	—	AFAT: is_backgroud_of	自我扩展

续表

关系属性	上位属性	下位属性	domain	range	inverse	来源
AFAT: has_conclusion	AFAT: has_experimental_information	—	—	—	AFAT: is_conclusion_of	自我扩展
AFAT: has_goal	AFAT: has_experimental_information	—	—	—	AFAT: is_goal_of	自我扩展
AFAT: has_method	AFAT: has_experimental_information	—	—	—	AFAT: is_method_of	自我扩展
AFAT: has_result	AFAT: has_experimental_information	—	—	—	AFAT: is_result_of	自我扩展
AFAT: has_author	AFAT: has_role	—	—	—	AFAT: is_author_of	自我扩展
AFAT: has_editor	AFAT: has_role	—	—	—	AFAT: is_editor_of	自我扩展

续表

关系属性	上位属性	下位属性	domain	range	inverse	来源
AFAT: has_reviewer	AFAT: has_role	—		—	AFAT: is_reviewer_of	自我扩展
AFAT: has _ Correspondence_author	AFAT: has _ author			—	AFAT: is_Correspondence_author_of	自我扩展
SIO: is member of	SIO: is attribute of	—	SIO: person	—	SIO: has member	复用SIO
SIO: is property of	SIO: is attribute of	SIO: is quality of	—	—	SIO: has property	复用SIO
SIO: is unit of	SIO: is attribute of	AFAT: is_ATAF_of, AFAT: is_functional_discourse_elements_of, AFAT: is_subfig_of, AFAT: is_supplymentary_data_of	—	—	SIO: has unit	复用SIO
AFAT: is _ AFAT _ characteristics_of	SIO: is attribute of	—	AFAT _ characteristics	AFAT: Academic_Figure_And_Table	AFAT: has_AFAT_characteristics	自我扩展

续表

关系属性	上位属性	下位属性	domain	range	inverse	来源
AFAT: is _ experimental_information_of	SIO: is attribute of	AFAT: is_backgroud_of, AFAT: is_conclusion_of, AFAT: is_goal_of, AFAT: is_method_of, AFAT: is_result_of	—	—	AFAT: has _ experimental _ information	自我扩展
AFAT: is_form_of	SIO: is attribute of	—	—	—	AFAT: has_form	自我扩展
AFAT: is _ outcome _of	SIO: is attribute of	—	AFAT: document or SIO: scientific data	AFAT: scientific _study or AFAT: organization or SIO: person	AFAT: has _ outcome	自我扩展
AFAT: is_role_of	SIO: is attribute of	AFAT: is_author_of, AFAT: is_editor_of, AFAT: is_reviewer_of	—	—	AFAT: has_role	自我扩展

续表

关系属性	上位属性	下位属性	domain	range	inverse	来源
SIO: is quality of	SIO: is property of	AFAT: is_AFAT_characteristics_type_of, AFAT: is_data_scale_of, AFAT: is_process_status, AFAT: is_scientific_study_type	SIO: quality	—	SIO: has quality	复用 SIO
AFAT: is_AFAT_characteristics_type_of	SIO: is quality of	—	—	—	AFAT: has_AFAT_characteristics_type	自我扩展
AFAT: is_data_scale_of	SIO: is quality of	—	—	—	AFAT: has_datascale	自我扩展
AFAT: is_process_status	SIO: is quality of	—	—	—	AFAT: has_process_status	自我扩展
AFAT: is_scientific_study_type	SIO: is quality of	—	—	—	AFAT: has_scientific_study_type	自我扩展

续表

关系属性	上位属性	下位属性	domain	range	inverse	来源
AFAT: is_ATAF_of	SIO: is unit of	—	AFAT: Academic_Figure_And_Table	—	AFAT: has_AT-AF	自我扩展
AFAT: is_functional_discourse_elements_of	SIO: is unit of	—	AFAT: functional_discourse_elements	—	AFAT: has_functional_discourse_elements	自我扩展
AFAT: is_subfig_of	SIO: is unit of	—	AFAT: academic_subfigure	AFAT: academic_multiple_figures	AFAT: has_subfig	自我扩展
AFAT: is_supplymentary_data_of	SIO: is unit of	—	AFAT: supplymentary_data	—	AFAT: has_supplymentary_data	自我扩展
AFAT: is_backgroud_of	AFAT: is_experimental_information_of	—	—	—	AFAT: has_backgroud	自我扩展
AFAT: is_conclusion_of	AFAT: is_experimental_information_of	—	—	—	AFAT: has_conclusion	自我扩展

续表

关系属性	上位属性	下位属性	domain	range	inverse	来源
AFAT: is_goal_of	AFAT: is_experimental_information_of	—	—	—	AFAT: has_goal	自我扩展
AFAT: is_method_of	AFAT: is_experimental_information_of	—	—	—	AFAT: has_method	自我扩展
AFAT: is_result_of	AFAT: is_experimental_information_of	—	—	—	AFAT: has_result	自我扩展
AFAT: is_author_of	AFAT: is_role_of	AFAT: is_Correspondence_author_of	—	—	AFAT: has_author	自我扩展
AFAT: is_editor_of	AFAT: is_role_of	—	—	—	AFAT: has_editor	自我扩展
AFAT: is_reviewer_of	AFAT: is_role_of	—	—	—	AFAT: has_reviewer	自我扩展
AFAT: is_Correspondence_author_of	AFAT: is_author_of	—	—	—	AFAT: has_Correspondence_author	自我扩展

附录 3 AFAT 本体数据属性

数据属性	上位属性	下位属性	来源
owl：topDataProperty	—	—	复用 owl
AFAT：address	owl：topDataProperty	AFAT：city， AFAT：country， AFAT：state	自我扩展
AFAT：city	AFAT：address	—	自我扩展
AFAT：country	AFAT：address	—	自我扩展
AFAT：state	AFAT：address	—	自我扩展
dc：date	owl：topDataProperty	AFAT：accepted_date， AFAT：data_collect_date， AFAT：end_time， AFAT：publication_date， AFAT：receive_date， AFAT：revise_date， AFAT：start_time， AFAT：storage_date	复用 DCMI
AFAT：accepted_date	dc：date	—	自我扩展
AFAT：data_collect_date	dc：date	—	自我扩展
AFAT：end_time	dc：date	—	自我扩展
AFAT：publication_date	dc：date	—	自我扩展
AFAT：receive_date	dc：date	—	自我扩展

续表

数据属性	上位属性	下位属性	来源
AFAT：revise_date	dc：date	—	自我扩展
AFAT：start_time	dc：date	—	自我扩展
AFAT：storage_date	dc：date	—	自我扩展
dc：description	owl：topDataProperty	AFAT：AFAT_annotation，AFAT：AFAT_measure，AFAT：AFAT_mention，AFAT：AFAT_object	复用 DCMI
AFAT：AFAT_annotation	dc：description	AFAT：pixel_legend，AFAT：whole_legend	自我扩展
AFAT：pixel_legend	AFAT：AFAT_annotation	AFAT：scattered_annotation，AFAT：figure_legend	自我扩展
AFAT：figure_legend	AFAT：pixel_legend	—	自我扩展
AFAT：scattered_annotation	AFAT：pixel_legend	—	自我扩展
AFAT：whole_legend	AFAT：AFAT_annotation	—	自我扩展
AFAT：AFAT_measure	dc：description	AFAT：AFAT_sub-measure	自我扩展
AFAT：AFAT_sub-measure	AFAT：AFAT_measure	—	自我扩展
AFAT：AFAT_mention	dc：description	—	自我扩展
AFAT：AFAT_object	dc：description	AFAT：AFAT_sub-object	自我扩展
AFAT：AFAT_sub-object	AFAT：AFAT_object	—	自我扩展
dc：format	owl：topDataProperty	—	复用 DCMI
dc：identifier	owl：topDataProperty	AFAT：DOI，AFAT：ORCID，AFAT：URL	复用 DCMI
AFAT：DOI	dc：identifier	—	自我扩展
AFAT：ORCID	dc：identifier	—	自我扩展

续表

数据属性	上位属性	下位属性	来源
AFAT：URL	dc：identifier	—	自我扩展
dc：language	owl：topDataProperty	—	复用 DCMI
dc：subject	owl：topDataProperty	—	复用 DCMI
dc：title	owl：topDataProperty	AFAT：article_title，AFAT：Scientific_Data_Title，AFAT：study_title	复用 DCMI
AFAT：article_title	dc：title	—	自我扩展
AFAT：Scientific_Data_Title	dc：title	AFAT：AFAT_Title，AFAT：supplymentary_data_title	自我扩展
AFAT：AFAT_Title	AFAT：Scientific_Data_Title	AFAT：AFAT_subtitle	自我扩展
AFAT：AFAT_subtitle	AFAT：AFAT_Title	—	自我扩展
AFAT：supplymentary_data_title	AFAT：Scientific_Data_Title	—	自我扩展
AFAT：study_title	dc：title	—	自我扩展
dcterms：alternativeName	owl：topDataProperty	—	复用 DCMI
AFAT：email	owl：topDataProperty	—	自我扩展
AFAT：keyword	owl：topDataProperty	AFAT：article_keyword，AFAT：scientific_data_keyword，AFAT：scientific_study_keyword	自我扩展
AFAT：article_keyword	AFAT：keyword	—	自我扩展
AFAT：scientific_data_keyword	AFAT：keyword	AFAT：AFAT_keyword，AFAT：supplymentary_data_keyword	自我扩展

数据属性	上位属性	下位属性	来源
AFAT：AFAT_keyword	AFAT：scientific_data_keyword	—	自我扩展
AFAT：supplymentary_data_keyword	AFAT：scientific_data_keyword	—	自我扩展
AFAT：scientific_study_keyword	AFAT：keyword	—	自我扩展
AFAT：name	owl：topDataProperty	AFAT：first_name, AFAT：full_name, AFAT：last_name	自我扩展
AFAT：first_name	AFAT：name	—	自我扩展
AFAT：full_name	AFAT：name	—	自我扩展
AFAT：last_name	AFAT：name	—	自我扩展
AFAT：postal_code	owl：topDataProperty	—	自我扩展
skos：preferred label	owl：topDataProperty	—	复用 skos
AFAT：Version	owl：topDataProperty	—	自我扩展